原来是这样！那些出人意料的奇趣百科

NO WAY! The Wildest Mind-Blowing Facts in the Universe

[澳] 丹·马歇尔（Dan Marshall） 著
魏晓凡 熊一然 刘鑫 译

人 民 邮 电 出 版 社
北 京

图书在版编目（CIP）数据

原来是这样！：那些出人意料的奇趣百科 /（澳）丹·马歇尔（Dan Marshall）著；魏晓凡，熊一然，刘鑫译. -- 北京：人民邮电出版社，2024.2
ISBN 978-7-115-62307-2

Ⅰ. ①原… Ⅱ. ①丹… ②魏… ③熊… ④刘… Ⅲ. ①科学知识－青少年读物 Ⅳ. ①Z228.2

中国国家版本馆CIP数据核字(2023)第177377号

内容提要

本书由博学多识的小机器人克劳斯带领读者开启科学发现之旅。从浩瀚的太空到生机勃勃的地球，从神秘的人体到有趣的动物，从奇妙的科学到美丽的数学，其中蕴含着很多出人意料的奇趣百科知识。除了新奇的知识，书中还配有趣味插画，为读者带来丰富的阅读体验。同时，书中部分章节配有“小挑战”栏目，可激发读者的好奇心去找寻科学的答案。本书适合青少年及科普爱好者阅读。

◆ 著　　　　[澳] 丹·马歇尔（Dan Marshall）
译　　　　魏晓凡　熊一然　刘　鑫
责任编辑　周　璇
责任印制　马振武
◆ 人民邮电出版社出版发行　　北京市丰台区成寿寺路 11 号
邮编　100164　　电子邮件　315@ptpress.com.cn
网址　https://www.ptpress.com.cn
北京盛通印刷股份有限公司印刷
◆ 开本：800×1000　1/16
印张：15　　　　2024 年 2 月第 1 版
字数：449 千字　　　　2024 年 2 月北京第 1 次印刷
著作权合同登记号　图字：01-2022-1441 号

定价：129.80 元

读者服务热线：(010)81055493　印装质量热线：(010)81055316
反盗版热线：(010)81055315
广告经营许可证：京东市监广登字 20170147 号

本书献给霍利（Holly）、米利（Milly）及温妮（Winnie）。

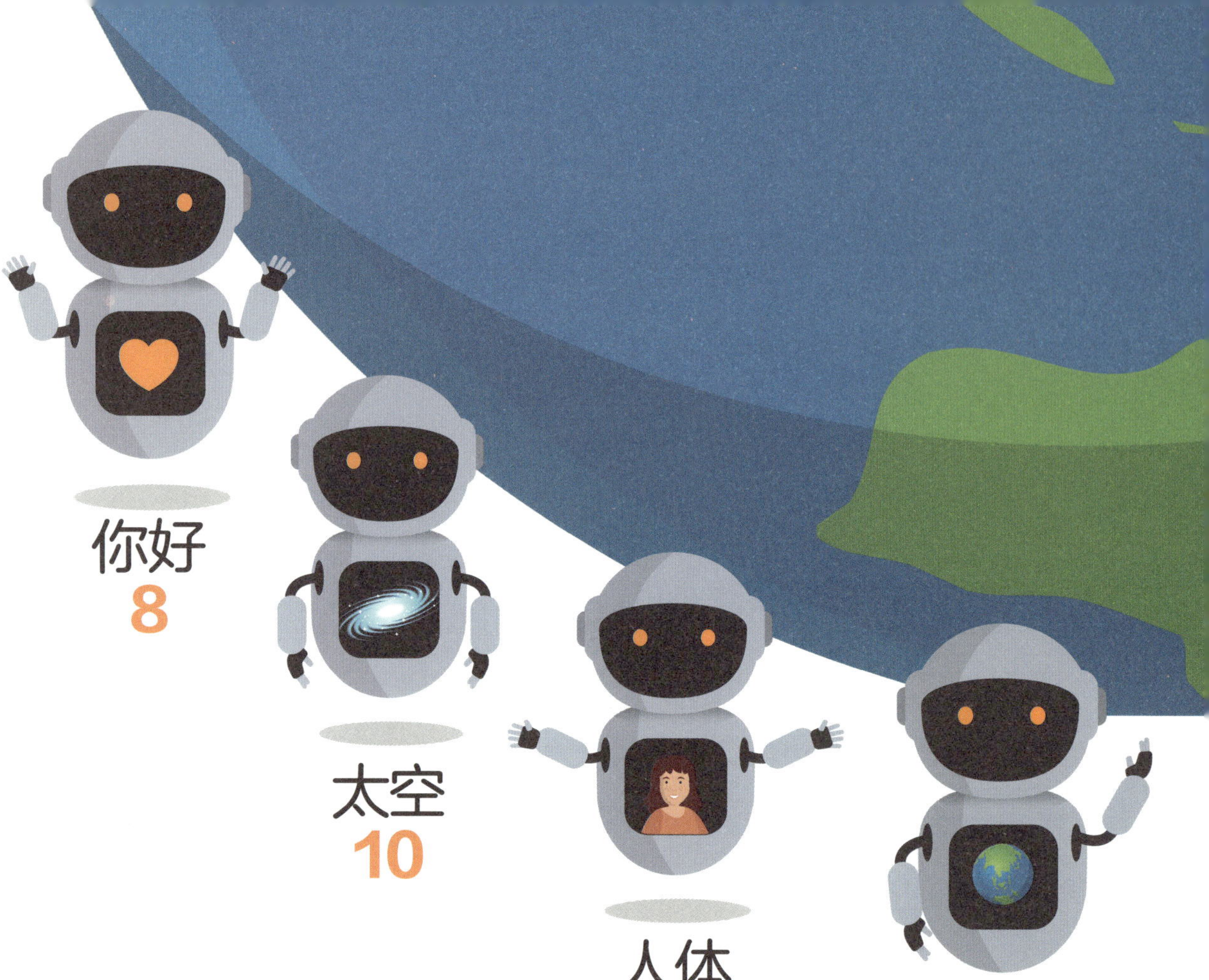

目

录

你好

你好，
我叫克劳斯（KLAUS），
是一个知识学习与理解系统。
我非常高兴你已经拿起这本书，
并决定开启这段令人兴奋的科学
发现之旅！

在宇宙中，
有很多出人意料的奇趣百科知识，
不禁令人感叹：“原来是这样！”
我迫不及待地想分享给你。
同时，你也可以将知识分享给他人。
分享是一件非常有意义的事情。

当你满脑子都是这些趣味科学知识时，
也面临着挑战，
你的大脑需要“疯狂运转”。
你会爱上疯狂的大脑，
我会一直陪着你，帮助你学习，
我们一起探索这个神秘的宇宙！

太棒了，我们走吧！

太

空

银河系几乎和宇宙本身一样古老

我们所在的这个旋涡星系（也就是“银河系”）非常古老——它的历史几乎和宇宙本身一样久远！目前科学家认为宇宙有**138亿年**的历史，而银河系的历史可能有**130亿年**。银河系不仅非常古老，而且还相当庞大，它的直径达到了令人瞠目的**10万光年**，也就是大约**946 000 000 000 000 000千米**！

1光年是**9.46万亿**千米。“万亿”是个很大的数量单位，1万亿也就是**1**的后面跟着**12**个**0**。你不妨花一点儿时间尽量具体地想象一下**9 460 000 000 000**有多大。

不识庐山真面目

你见过的每一张描绘银河系样子的图片（包括这里的这张）都只是艺术家们的合理想象。毕竟，我们住在银河系的内部，所以我们事实上是不可能跑到它的上方去拍它、画它的——就像你不可能从卧室里面拍到自家房子的外观一样。

极端贪吃的怪兽

不要被银河系美丽的模样所迷惑，它其实非常“狂暴”。它不仅“贪吃”而且“食量”很大：如果有较小的星系从旁边经过，银河系一定会将其扯碎，并抢走较小星系的成员恒星和气体。

银河系含有约4000亿颗恒星

不论你置身于地球表面的哪一点，如果仅凭肉眼仰望夜空，那么，你能看到的恒星最多只有**6000颗**。但你知道银河系含有的恒星总数其实有**1000亿～4000亿颗**吗？我们肉眼能直接看到的恒星，连银河系的九牛一毛都算不上。像银河系这种规模的星系，已经很宏伟了，但科学家发现，在它之外还有很多星系，它们有的更加庞大，含有的恒星可达万亿颗。已知成员星最多的星系是编号为IC 1101的星系，它含有超过**100万亿颗**恒星。

银河系的中心有一个黑洞，其质量是太阳质量的400万倍

黑洞是太空中引力极强的天体，它们可以把所有类型的物质吸到自己身上。这种引力的强度大到什么程度呢？任何东西一旦被吸进黑洞，就无法再逃脱，甚至连光都不行。银河系中心的黑洞，正是这样一头引力“怪兽”——它的体量如此之大，因此我们称它为“超大质量黑洞”。由于连光都无法逃离黑洞的引力，所以我们不可能直接看到这个超大质量黑洞，但可以看到许多离它很近的恒星正在被它夺走物质。

太太太太太多黑洞了

目前，科学家们认为银河系内部的黑洞总数超过**1亿个**，当然也包括银河系中心的那个超大质量的怪兽。考虑到宇宙中还有另外的**2000亿**到**2万亿个**星系，可以说，要想确定黑洞的总数，根本就是一项不可能完成的任务。

怪异的科学

在黑洞周围，一切事情都变得很怪异——黑洞的引力场太强了，不仅能让光线不被外界所看见，甚至还能让时间变慢。如果你不幸靠近了黑洞，那么随着你周围的空间、时间被黑洞所扭曲，各项物理定律也都会变得很诡异。

各种形状和尺度的黑洞

黑洞按大小可以分为4类：微型黑洞、恒星级黑洞、中等质量黑洞、超大质量黑洞。其中，超大质量黑洞和中等质量黑洞是如何形成的，人类至今还没搞清楚；但我们已经知道普通恒星的死亡可能生成一个恒星级黑洞，只要该恒星能够爆发成超新星，然后自身向内坍缩即可。

微型黑洞

它们在理论上是存在的。科学家认为这类黑洞是在宇宙非常非常年轻时形成的。

恒星级黑洞

它们是最常见的一类黑洞。恒星在自身生命末期发生坍缩的话，就有可能变成这种黑洞。

中等质量黑洞

它是指理论上不太轻也不特别重的黑洞，按定义，它们的质量通常在太阳质量的**100倍**到**100万倍**之间。

超大质量黑洞

这类黑洞出现在星系的中心，质量可达太阳质量的几百万倍至几十亿倍。

2019年，科学家们拍摄到了人类历史上第一幅黑洞照片，这是历史性的进步！其实只是在部分意义上“拍到”了，毕竟我们不可能看到这种太空怪兽的真容，而只能看到它附近发生的事。黑洞的边缘被称作“事件视界”，至于这个视界之内，我们依然什么都拍不到。

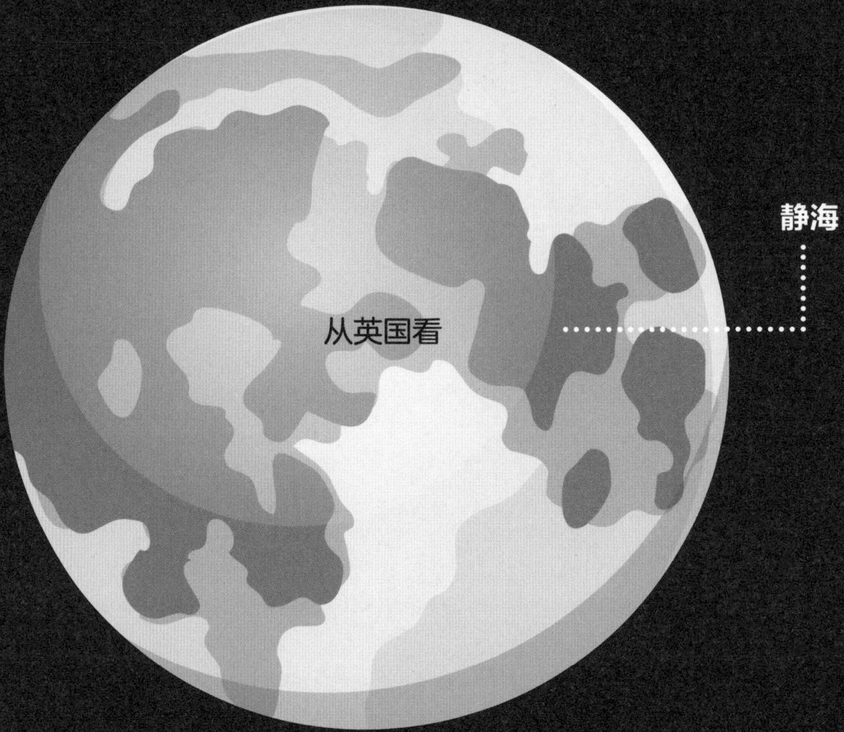

住在南半球的人，看到的月亮也是上下颠倒的

地球上的每个人都只能看到月球的同一面，无论他们住在哪里。这是因为，月球自转一圈所需的时间，正好等于它绕地球公转一圈所需的时间。尽管我们在世界各地看到的月球都是同一张“面孔”，但如果你住在南半球，那么以北半球的人为参照，你看到的月球“面孔”是上下颠倒的。

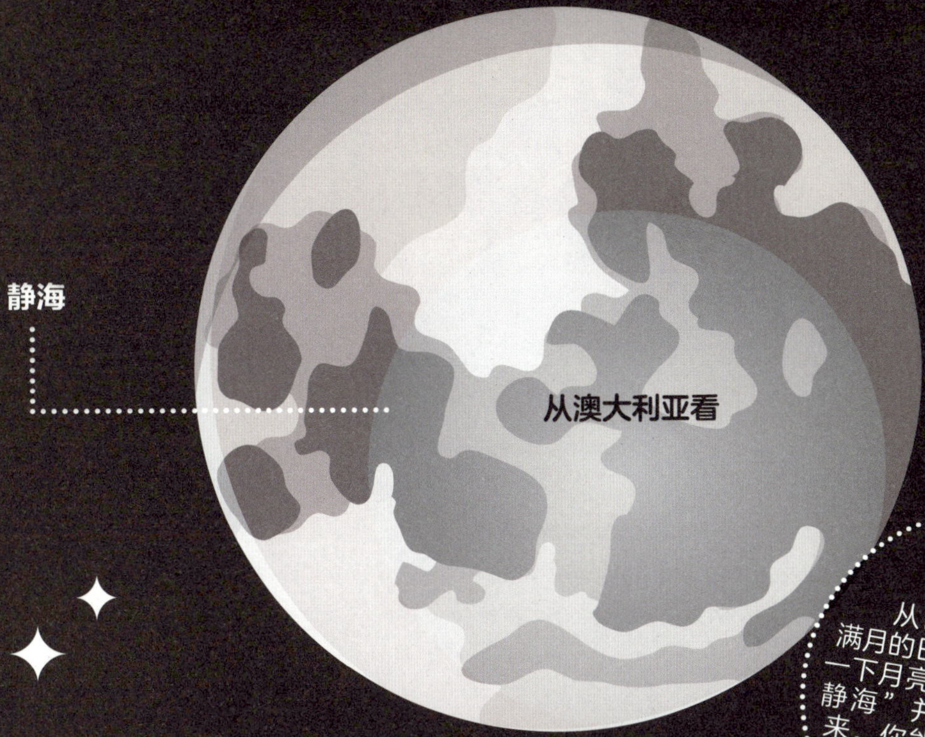

太空小挑战

从日历上查出下一次满月的日期，届时仰头观察一下月亮，看能不能找到“静海”并把它大致描绘出来。你能根据所绘的图形来印证自己是住在北半球还是南半球吗？

北半球的人是以这个角度看到月亮的：

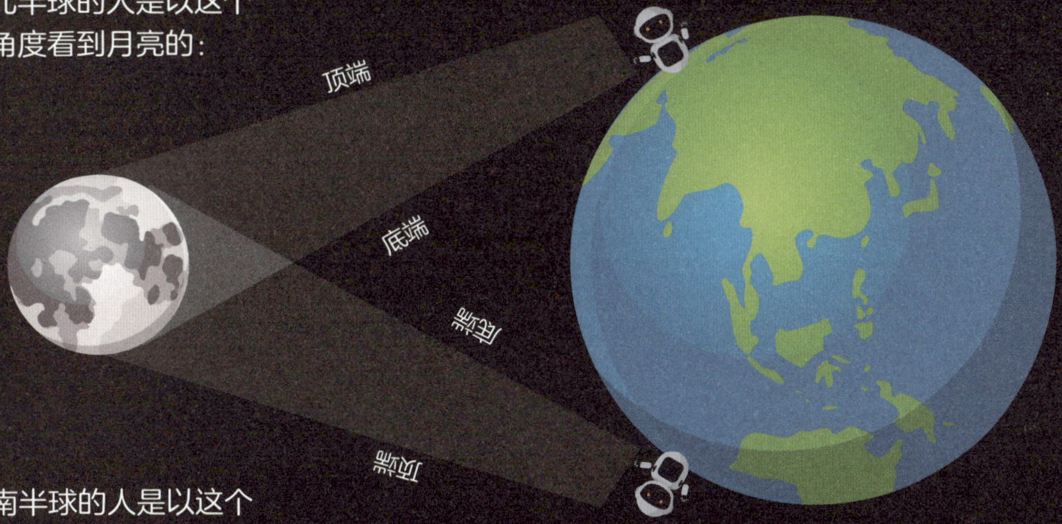

南半球的人是以这个角度看到月亮的：

光从太阳中心传到太阳表面需要20万年之久，然后只用约8分钟就可以传到地球

我们在地球上看到的太阳，实际上是它过去的样子——确切地说，是它约**8分钟**之前的样子。光从太阳传到地球需要约**8分钟**，虽然这段旅程看起来很长，但若与光从太阳中心传到太阳表面所需的**20万年**相比，**8分钟**简直微不足道。在太阳的核心区，所有的原子都紧紧地挤在一起，导致它们几乎找不到向外突围的路径。太阳的体积绝对算得上巨大，其半径约**70万千米**。光子在里面只能一直向各种不同的方向反弹，平均经过**20万年**才有机会彻底挣脱出来，然后进入太空，开始直飞。其中很少的一部分会飞向地球，被我们看到。

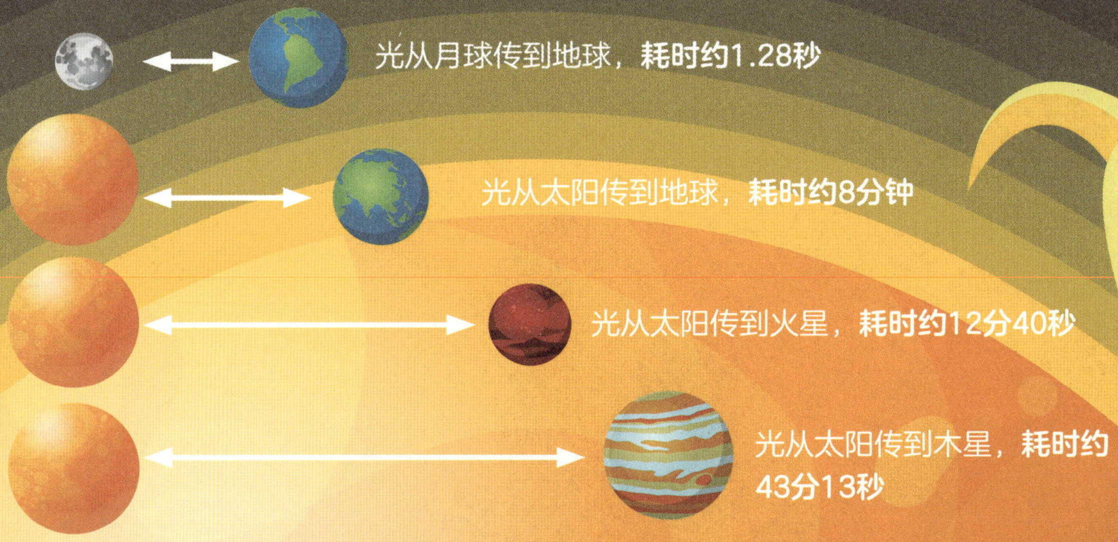

太阳一直在持续变亮、变大，终有一天将吞噬地球，毁掉地球上的一切。不过，别焦虑！在过去的**40亿年**时间里，太阳也只向外膨胀了**20%**左右。所以，在地球热到无法生存之前，还有几十亿年的岁月可以度过。

宇宙版的限速

你知道宇宙里也有最高速度限制吗？我们已经知道，任何事物的运动速度都无法超过光速——约**299 792千米/秒。**

地球体积的百万倍

太阳的体量巨大，它的质量占了太阳系总质量的**99.86%**，而它的体积足以装下**100万个**地球。

香蕉也不清凉

太阳的核心温度超过**1 500万摄氏度。**假如太阳是香蕉做的，会不会凉快一些？并不会！太阳之所以如此高温，就是因为它的质量太大，导致其物质在引力作用下不断朝着中心聚集，温度也随之升高，最终达到足以将所有物质变成等离子态的高温。也就是说，即使用香蕉来组成太阳，温度还是会那么高的。

光的速度

假如你能以光速飞行，那么仅**1秒**的时间就够你绕地球飞行**7圈半。**

世界上第一种可以重复使用的航天器，是美国国家航空航天局（NASA）的航天飞机

航天飞机，从1981年开始服役，至2011年退役。NASA制造的这种飞行器，是历史上最昂贵也最重的“滑翔机”——它像火箭那样垂直起飞，返回时却像滑翔机一样水平降落。航天飞机服役的**30年**间，总花销达到了**2090亿美元**。鉴于美国一共建造了**5架**正式的航天飞机，所以平均每架的开销是**420亿美元**。其中，最重的一架是“哥伦比亚号”，这架绕地球飞行的航天飞机重达**80 700千克**，差不多相当于**13头**非洲象的总质量。**5架**航天飞机共执行了**135次**飞行任务，将大量的载荷送入了太空，比如许多人造卫星。而要说航天飞机最大的贡献，那当然是运送了许多航天员和物资进入绕地球飞行的轨道，从而建起了国际空间站——这个空间站至今还在运行。

28 000

这是航天飞机绕地球飞行时的速度，单位是千米/时。以这个速度飞行，可以让乘坐航天飞机的航天员每隔**45分钟**就看到一次壮丽的日出或日落。

355

这是乘坐航天飞机进入过太空的航天员总数，其中有**306名**男性、**49名**女性，分别来自**16个**国家和地区。

20 952

这是**5架**航天飞机绕地球飞行的总圈数。

8.27亿

这是**5架**航天飞机飞行的总里程数，单位是千米。这个距离比从地球到木星的平均距离还要远。

198 729

这是航天飞机在太空中停留的总时间，单位是小时。

外部燃料舱，在航天飞机离地起飞时，负责给3台主发动机提供燃料。
固体燃料火箭助推器，航天飞机发射时的推力大部分来自它们。
轨道器，即航天飞机本身，包括乘员舱、载荷舱及3台主发动机。

身处太空的航天员，比地球上的人老得慢

国际空间站里的航天员是以27 580**千米/时**这种惊人的高速绕地球飞行的。你知道你的速度越快，你身上的时间流逝就越慢吗？这种说法听来绝对让人难以置信，但本书稍后会细讲。总之，任何一名航天员在国际空间站生活了**6个月**之后，度过的时间会比地面上的人少**0.007秒**。这种令人惊讶的现象称为“钟慢效应”。

虽然从理论上来说，航天员们经历的时间变少了一点儿，但他们在绕地飞行的过程中，其身体机能却会加速老化：由于重力不足，他们的肌肉和骨骼就会萎缩、衰弱。为了尽量减少对人体的损害，航天员不论男女，都要坚持使用一些专门的健身器械。航天员们在空间站里飘来飘去虽然看着很有趣，但其背后付出了无数的艰辛！

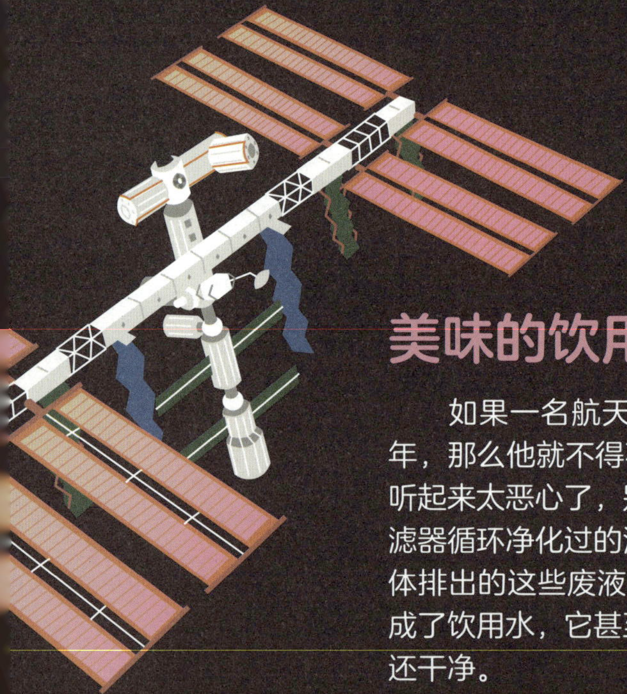

美味的饮用水

如果一名航天员想在国际空间站生活整整一年，那么他就不得不喝下总计**730升**的汗和尿！这听起来太恶心了，别怕，这里说的是使用专门的过滤器循环净化过的汗和尿，只保留其中的水分。人体排出的这些废液，只要经过**8天**的处理，就又变成了饮用水，它甚至比我们大多数人在家里喝的水还干净。

带着祝福，从哈萨克斯坦出发

你如果有机会前往国际空间站，那可能要先学几句俄语，毕竟去往国际空间站的航天员绝大多数是从哈萨克斯坦的拜科努尔发射场升空的，这里是俄罗斯租用的。

远离家园

人类迄今离开地球的最远纪录是400 171千米，它诞生于1970年4月，当时“阿波罗13号”的航天员们环绕月球飞行，从月球的背面飞过。

放屁在日常生活中是一件搞笑的事，但对航天员来说这件事特别严肃，因为屁里含有甲烷，这是一种易燃气体。国际空间站本身和航天服上都安装了特制的过滤器，用来清除甲烷，避免爆炸。

卫星的卫星，叫“子卫星”

我们知道，行星绕着恒星转，卫星绕着行星转。但你听说过卫星也可能带有自己的卫星吗？科学家们虽然目前还在努力寻找实际的例子，但他们认为这种“子卫星”一定存在，毕竟太阳系中有些体积较大的卫星已经比体积较小的行星还大了，而且很多行星都有一大堆卫星。

这么多卫星

在太阳系的各大行星中，土星是拥有卫星最多的。根据最新的统计（根据2023年5月的研究结果），土星有145颗卫星，而木星紧随其后，有95颗卫星。

飞行游览

从理论上说，如果大气层的物质足够浓密，我们应该能在大气中游泳——那不就是飞行嘛！土卫六“泰坦”是土星最大的卫星，它就拥有浓密得不可思议的大气，同时重力又很弱。这意味着你在土卫六的大气中也可以“游泳”，如果你给自己装上一对翅膀，在土卫六表面试着扇动它，你就有可能飞起来！

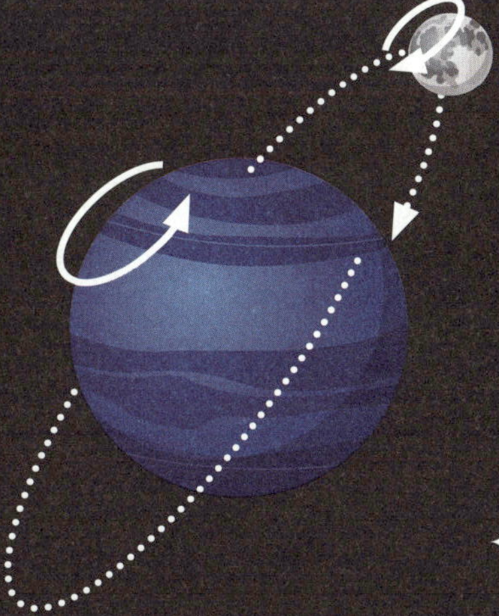

指向之变

海卫一“特里同”是海王星最大的卫星，其直径与月球的直径相仿。就太阳系而言，在这种体量的诸多卫星之中，只有“特里同”是拥有“逆行轨道”的。也就是说，它绕行星公转的方向与通常情况相反。

600

这是太阳系内所有已知的行星和矮行星拥有的卫星总数（截至2023年底）。

卫星上的火山

木卫一“伊奥”上有数百座火山。由于这颗卫星的引力相当弱，其火山向外喷射出的熔岩可以到达距表面**100千米**之遥！

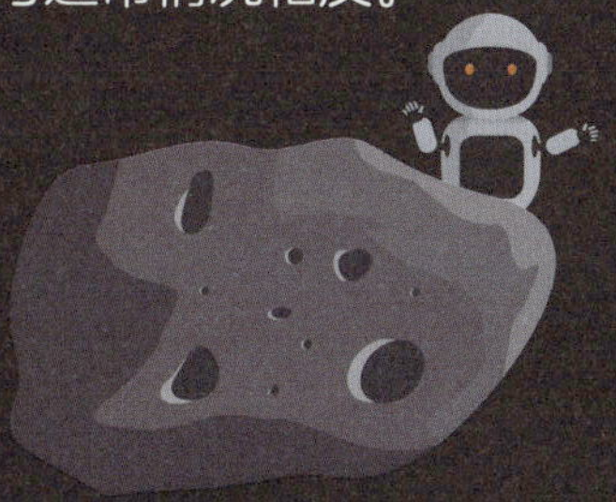

1 000 000

太阳系内已查明的小行星总数超过**100万颗**。绝大部分小行星都是绕太阳运行的巨大岩石碎块，但它们如果被行星的引力场所俘获，从而改为绕着行星运转，那么就会被归类为卫星！

你在其他行星上能跳多高?

请暂时放下书，试试原地跳高。如果全力以赴，你能跳到多高?

不论你原地跳高的成绩好不好，如果你能到太阳系的其他行星上重复这一实验，结果都会迥然不同！这是因为其他行星的质量和重力加速度都跟地球有明显区别。

假如你的原地跳高纪录为**0.5米**，那么每次试跳只能持续**0.64秒**。

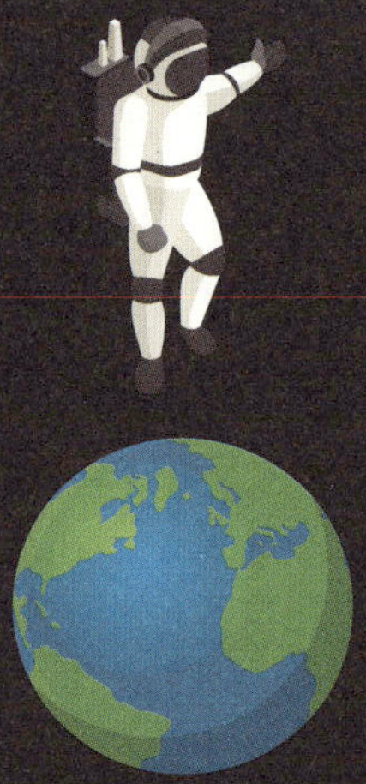

地球

你在月球表面所受的重力只有在地球表面所受重力的**17%**，这意味着你如果以完全相同的力量去试跳，可以跳**3米**高，而且每次试跳可以持续**4秒**。

月球

火星的体积比月球大，但不如地球大，因此你在火星表面所受的重力是在地球表面所受重力的**38%**。你在火星上的试跳可以跳**1.32米**高，跳跃过程持续**1.68秒**。

火星

假如你能到达第67P彗星的表面，我们建议……你最好不要试跳！因为你的腿部向下施加的力量会给你一个向上的速度，而这个速度在这颗彗星上会快到足够让你逃离此星的重力场。也就是说，你上跳的速度会超过此星的“逃逸速度”，其结果就是你会飘进幽暗的太空而无法返回！

冥王星虽然被划入“矮行星”类，但其实也不是特别小。你在它表面所受重力约为在地球表面所受重力的**6%**，所以你在冥王星上试跳可以跳**8米**，滞空时间为**9~10秒**。

土卫二“恩克拉多斯”的直径只有月球直径的**14%**，你如果在土卫二上试跳，可以跳出惊人的**43米**高，而且从腾空到飘落回来的过程长达**1分钟**，足够你慢慢享受这种感觉。

在任何行星上，普通的物体只要速度快到一定的程度，就可以冲破此星的重力束缚而跑掉。这个速度就是“逃逸速度”。对地球而言，逃逸速度是11.2**千米/秒**！

冥王星

土卫二

67P彗星

科学家们猜测

第九大行星（注意冥王星已降级为“矮行星”，所以这里并不是在说冥王星）如果存在，那么它绕太阳运转一圈可能需要**1万～2万年**。至于这颗神秘的大行星与太阳的距离，可能达到海王星与太阳距离的**20倍**。而海王星的公转周期约为**165年**。

真正的第九大行星依然神秘，但确实可能存在

许多科学家相信，在我们太阳系的遥远边缘，还游荡着一颗目前未被发现的冰质行星，也就是真正意义上的第九大行星。到目前为止，科学家们还没有发现它的行踪，但我们可以间接地察觉到它的影响：许多遥远的太空岩石绕太阳运行的轨道都呈现出“怪异”的特点。

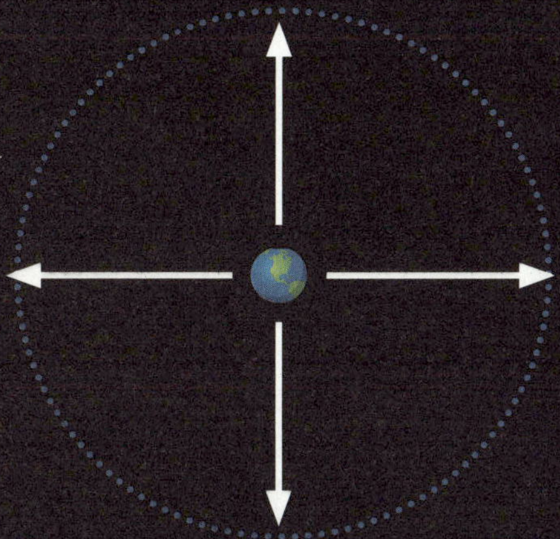

等你命名

如果有朝一日，这颗大行星真的被发现，那么为它命名的权利将属于它的发现者。当然，要尊重传统的话，这颗大行星的名字应该从罗马神话体系的神祇名字中挑选。

质量是地球的10倍

这颗尚未发现的第九大行星质量应是地球质量的**10倍**左右，当然也可能更大。科学家做出这一估计时，依据的是该行星引力作用的大小。

太空小挑战

如果你是第九大行星的发现者，你想为这颗星起什么名字？

够冷了吗？

第九大行星由于离太阳太远，行星表面的温度也会特别低。目前猜测它表面的平均温度约为**零下226摄氏度**，“寒冷彻骨”都不足以形容它的寒冷程度。

上下求索

行星离太阳越远，我们发现它的难度就越高。不过，目前世界上最先进的一批望远镜都参与了这项探索，也许未来的某一天就真的找到它了！

还有一部分天文学家认为，第九大行星可能并不是一个“离群索居”的冰质巨行星，而是实际上并没有第九大行星，只是在那个位置有一个体积很小但引力极大的黑洞——说不定它只有一颗棒球那么大！

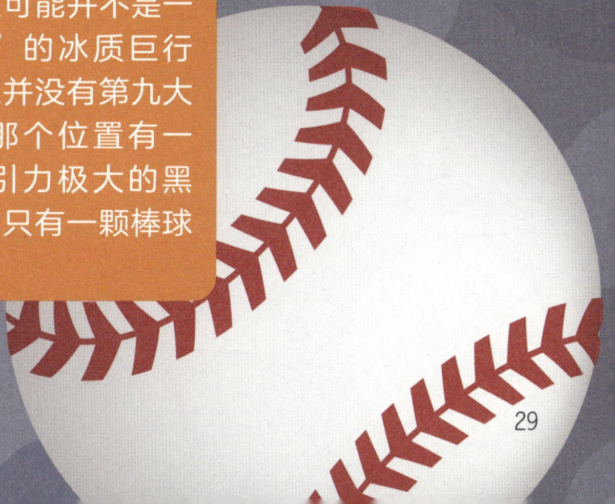

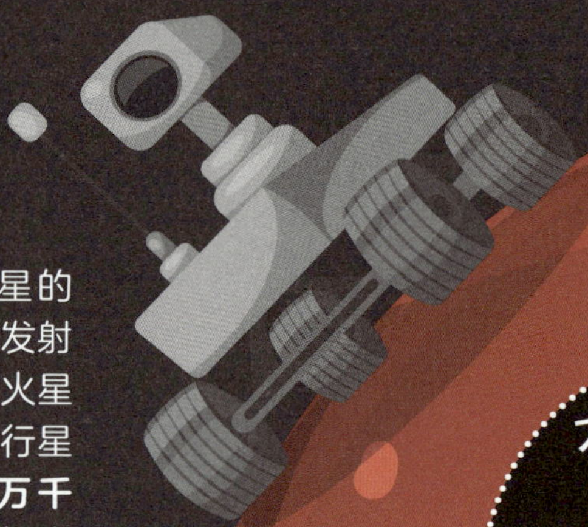

小车式机器人

我们所掌握的关于火星的信息，大部分都来自那些被发射到火星上的机器人，也就是火星车。火星是离地球最近的大行星（最近时距离仅为**6400万千米**），也是被人类用机器人探索得最多的其他行星。

失落的磁场

地球周围的磁场就像一个无形的力场，保护着地球生命免受有害的太阳辐射。火星却不像地球，它周围没有磁场，因此它绝大多数的大气都被太阳的辐射夺去了，只剩下冰冷的表面暴露在外。没有了磁场的保护，太阳的热能也不易在火星表面保存，这导致火星既干燥又低温。火星在历史上曾经有过磁场，但这个磁场为何消失，目前还是个谜。

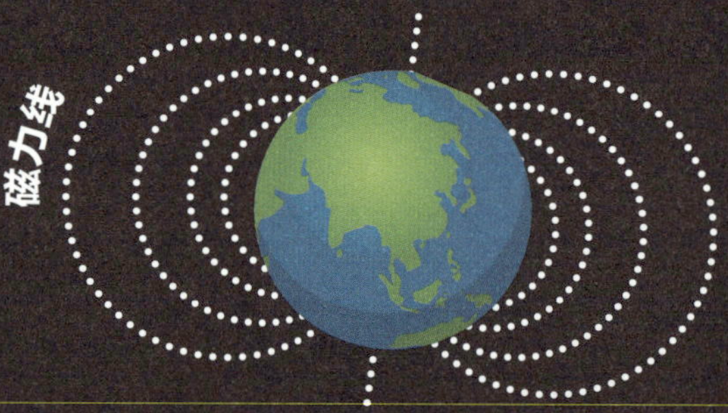

太空小挑战

你愿意离开地球去往火星吗？这段太空旅行要花费**7个月**哦！如果你愿意，你准备为你的长途太空旅行带上点什么呢？

火星表面曾有大片海洋……

……也曾有浓密的大气，就像地球一样！

看看地球和火星这对近邻吧——说来令人难以置信，火星的环境曾经和地球一样，它俩犹如孪生兄弟，只不过火星的个头小一点儿而已。如今的火星表面是铁锈红色，但那里也曾万顷碧波，甚至出现过生命。

当然，那都是数十亿年前的事了，当时的火星被海洋覆盖，还有浓密的大气层来保温，让水可以维持液态。如今，火星上大部分的水都消失了，只在其表层土壤之下，以及两极的冰盖中还有少量残存的水。

火星任务

机器人漫步火星已不新鲜，人类亲自登陆火星大概也为时不远了！美国现在的“重返月球”计划，就是想为航天员登上火星的历史性任务做好准备。SpaceX公司的首席执行官埃隆·马斯克也宣布自己有把人类送上火星的计划，他的公司正在开发一款大型的飞船“星舰”（Starship）供人类前往火星。

火星上有很多高山、峡谷和火山口。这种地形看起来跟地球的地形很像，但其实火星上的很多地貌都比地球的地貌要夸张得多。比如火星上最大的火山口——奥林波斯山竟然高达**22千米**，这一高度是地球最高峰即珠穆朗玛峰的约**3倍**。这座山占地面积也很大，它的直径为**624千米**，以至于它的山坡已经随着火星表面的弧度而自然弯曲了！

“水手号峡谷群”是火星上的一个巨大的峡谷群，它绵延**4000千米**，深达**7千米**，非常壮丽。与地球上的美国大峡谷相比，它的深度约是美国大峡谷深度的**4倍**，而长度约是其长度的**9倍**！

从地球到月球的距离，放得下太阳系内其他所有的大行星

如果把太阳系内除地球之外的七颗大行星的直径加起来（采用NASA测量的数据），结果是**381 174千米**。这个数字看起来很大，但其实比从地球到月球的距离要小。换言之，如果把这七颗大行星一个挨着一个排列起来，地球和月球之间的空间完全放得下！

宇宙过去的样子，要等未来才能看全

虽然我们生活在宇宙中，但我们无法看到宇宙所包含的一切，因为它实在是太大了！这也算是一件不可思议的事。宇宙之大，超出我们的想象，毕竟万物都存身于宇宙之中，地球、行星、恒星、空间、星系都是如此，甚至时间也不例外。我们从地球上能够看到、探测到的这部分宇宙，是我们平时所说的“可观测宇宙”。尽管这部分宇宙相对比较小，但它的直径也已达到**930亿光年**！我们能够测量自己可观测的宇宙最远有多远——依据就是从这部分宇宙的边缘传播到地球的光。我们还从中了解到，可观测宇宙有时也被称为“已知宇宙”的外部还有一些东西，那里发出的光尚未到达地球。事实上，这部分光比我们实际看到的光要多得多。已知宇宙之外就是一个纯粹的谜，希望人类最终能有机会解开它们。

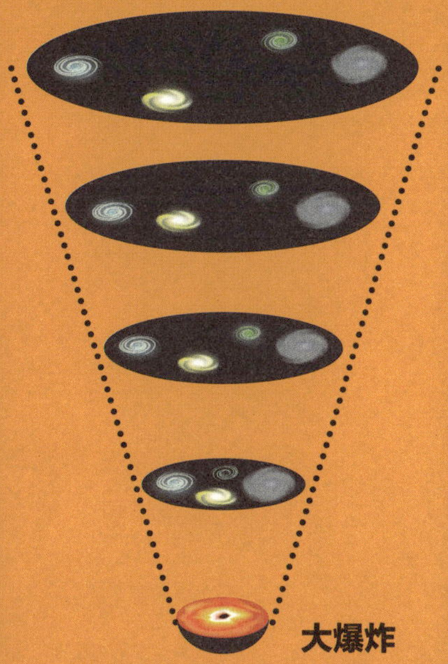

你知道宇宙一直在膨胀吗？它过去在膨胀，此刻在膨胀，未来还将继续膨胀。更惊人的是，这个膨胀过程本身也是越来越快的。实际情况是：宇宙扩张的速度已经远远超过了光速！

光年之遥

如果你觉得开车去串亲戚的路途很远，那么想想穿越宇宙的距离吧！由于宇宙空间过于广大，天文学家通常使用“光年”这个单位去度量它。**1光年**也就是光线在真空中传播1年所经过的距离，这个数字写出来可以吓人一跳：9 460 000 000 000**千米**！

近邻

离银河系最近的大型星系是仙女座星系，它与银河系的距离约为**23 600 000 000 000 000 000千米**。写这么多的零真的很难读！所以，不妨改用“光年”为单位来简化一下：说这个距离是**250万光年**，也是对的！至于离太阳最近的恒星，那就是位于半人马座的比邻星，它与我们的距离近多了，只有**4.3光年**。

送人类首次登月的总工时是“400万年”

在人类首次降落月球表面的时刻，美国有大约**5300万**居民通过黑白电视机观看了直播。而在全世界范围内，观看该次直播的观众总数估计有**6.5亿**人！

救命竟靠一支笔

“阿波罗11号”成功在月球表面着陆后，它的一个操作开关意外发生了故障，导致航天员们瞬间面临着回不了地球的风险。但他们急中生智，把一支毡尖笔插进了开关孔，顺利启动了上升引擎，拯救了这次任务，也拯救了他们自己！

“阿波罗11号”的载人登月任务耗资达**250亿美元**，员工多达**40万名**，这么多人不知疲倦地工作了**10年**才完成了这一壮举。也就是说，此次登月耗费的总工时长达**400万年**。

“阿波罗11号”飞船的登月舱部分又称“鹰”，由此次任务的指令长尼尔·阿姆斯特朗负责驾驶。在全世界的注目下，阿姆斯特朗居然错过了原定的着陆地点，但好在还是找到了一块备用的降落区域。登月舱为下降所准备的燃料最后只剩不到1分钟的余量！

旗帜倒下

“阿波罗11号”的航天员插在月球表面的旗子，如今或许已不复存在。其实，登月舱在返航起飞之时，其推进器可能已经把这面旗子弄倒了；而月球上严酷的环境只用十几年就能把倒下的旗子分解得支离破碎。

10:10
KLAUS
身边的强大算力
现在的智能手机已经比1969年的阿波罗11号上的制导计算机强大了数百万倍。即使是便携式计算器或者USB充电器，运算性能也比当年将航天员送到月球上的计算机更强大！
53,000,000赞
NASA 点过赞！
9

气味相投

3名航天员挤在狭小的飞船里，难免制造出一些不太好闻的气味；但更加鲜为人知的是，他们的饮用水里加了氢气，而这可能导致他们放的屁比平时还多！这次为期8天的飞行，氛围大概真的过于浓烈！

小行星带其实“空旷寂寞”

在电影里，小行星带总是密布着很多奇形怪状的太空岩石，太空飞船经过时，必须迅速地闪展腾挪，以免撞上这些飘荡的家伙。但真实的小行星带完全可以用“孤独寂寞”来形容：两颗相邻的小行星之间，平均距离可达**966 000千米**，相当于从地球到月球平均距离的2.5倍（可以回想一下，这个距离足够多少大行星并排放置）。假如你来到一颗小行星的表面，那么你能看到的天空风景除本来就有的各个星座之外，只有深邃的黑暗。

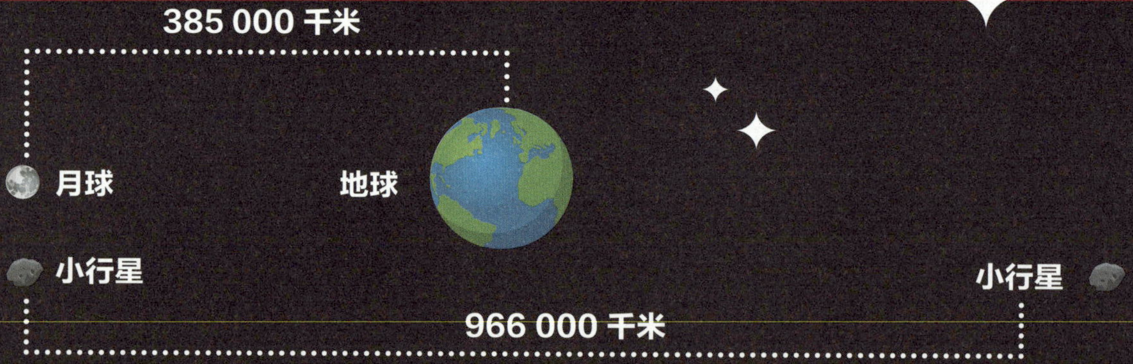

小行星带概貌

火星是太阳系最靠外的“内行星”，木星是太阳系最靠内的“外行星”，小行星带则位于火星和木星之间。这里拥有数十万颗小行星，但它们总质量的将近一半集中于其中最大的4颗，即灶神星、智神星、健神星，以及曾属小行星但现已归入矮行星之列的谷神星（谷神星的直径达到950千米）。

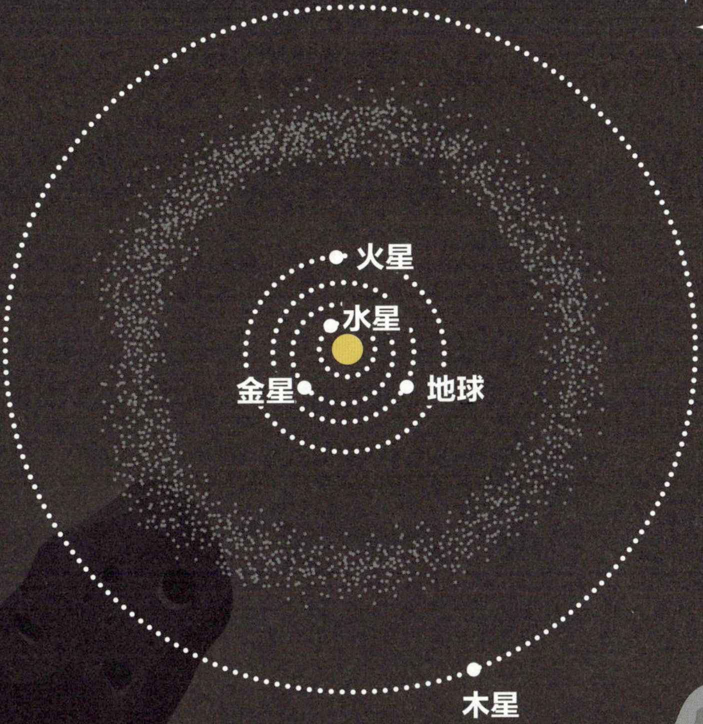

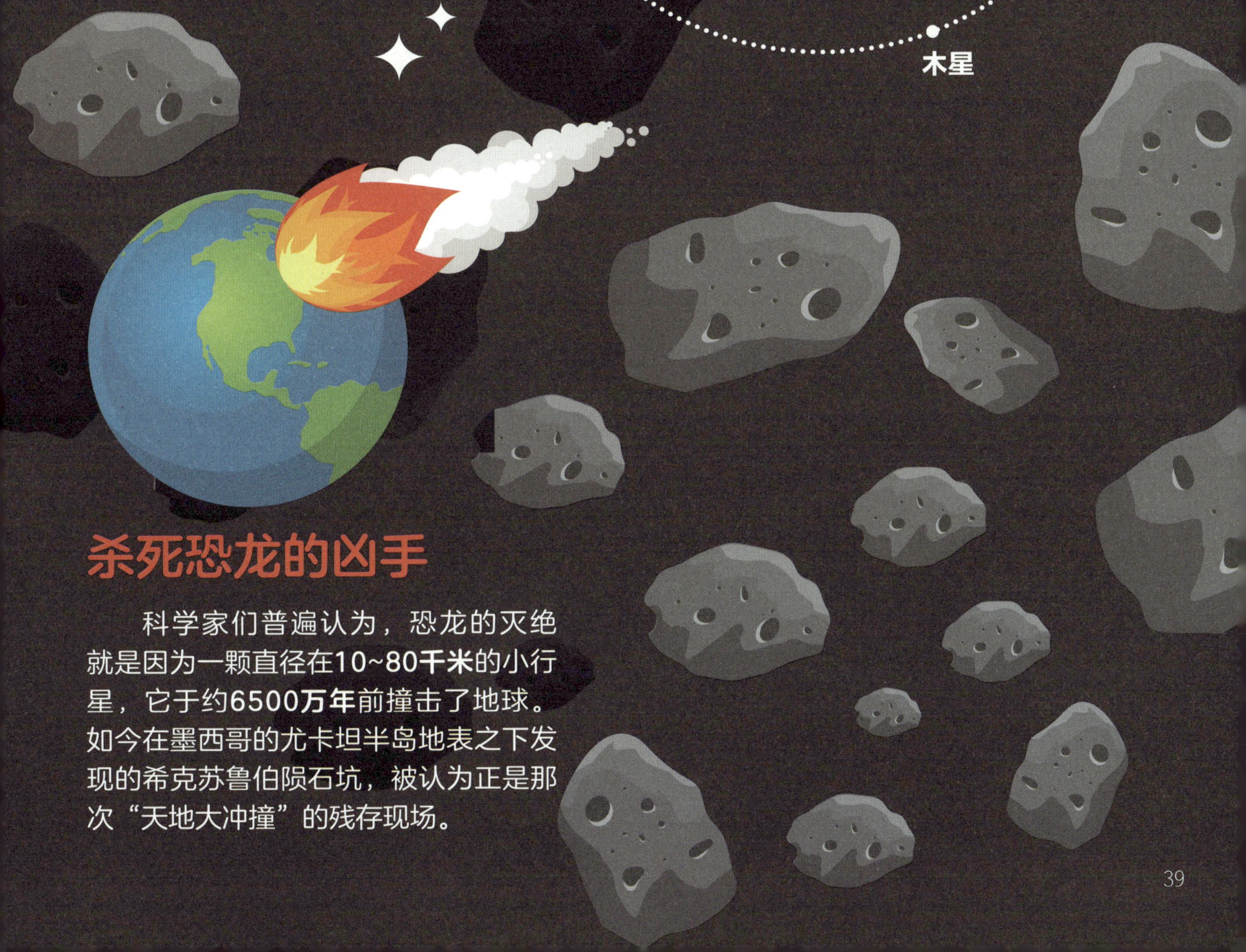

杀死恐龙的凶手

科学家们普遍认为，恐龙的灭绝就是因为一颗直径在10~80千米的小行星，它于约6500万年前撞击了地球。如今在墨西哥的尤卡坦半岛地表之下发现的希克苏鲁伯陨石坑，被认为正是那次“天地大冲撞”的残存现场。

宇宙深处有某些东西正在向地球发送信号

来自**5亿光年**之外的一个星系里，有一个神秘的信号源，它让无数科学家绞尽了脑汁。我们可以从这个星系的方向接收到重复的、有规律的无线电信号，但无法知道这个信号是怎么生成的（或者说，是谁发送的）！

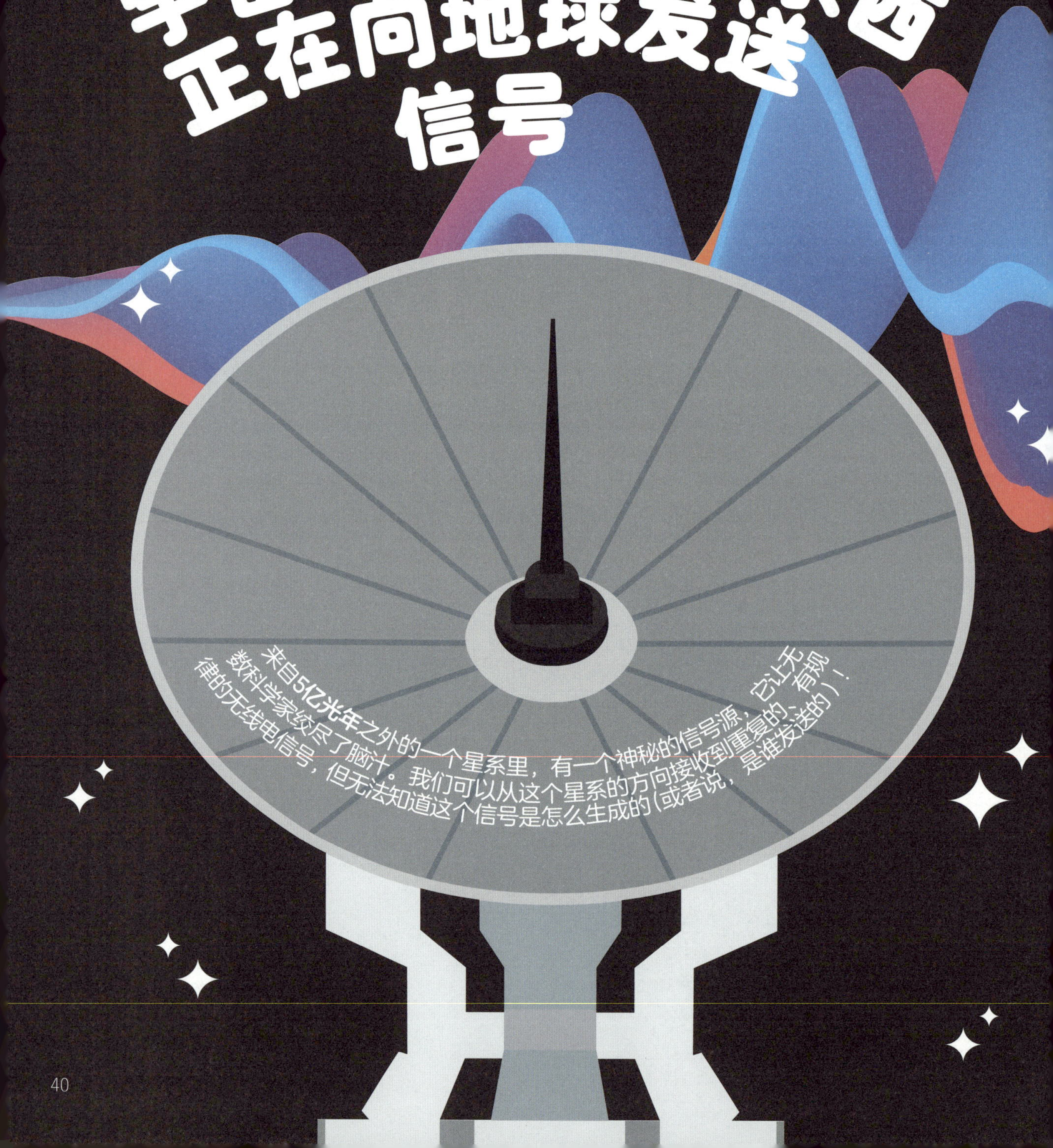

古老电波

无线电波是电磁辐射的一种，这就是说，它是以光速传播的。但是，要穿越大到无法想象的宇宙空间，即便是光速也要很久：这个神秘的重复信号在将近**5亿年**的时间里，走过了**50万亿亿千米**的路程。换言之，这个信号发出的时候还是5亿年之前，那时地球上的海洋里刚开始出现多样的动物！

FRB 180916.J0158+65

这一长串拗口的字母和数字，是科学家们给这个有规律的神秘信号源起的名字。

你觉得发出这个神秘信号的究竟是什么呢？目前科学界的主要看法包括中子星、新生成的恒星，甚至黑洞。假如这个信号能够与你对话，你打算问它哪些问题？

作息规律

这个有规律重复的信号属于“快速射电暴”的一种：上边提到的FRB就是“快速射电暴”的英文缩写。这类来自遥远太空的神秘信号，可以被地球表面的射电望远镜接收到，但通常都是单次突发的，也就是某个位置可以突然接收到一次，但不会重复出现。正因如此，FRB 180916.J0158+65才显得非同寻常！它不但会重复出现，而且有十分明显的周期，即**16.35天**。它活动时，会爆发出强烈的无线电信号，这样的信号在连续**4天**的时间里，每小时都会有**1～2次**；接着，它就陷入为期约**12天**的静默。这样的循环周而复始。

天王星在不断向太空泄漏气体

有一股未知的力量正在从天王星的大气层中抽取物质，并抛向太空。1986年，“旅行者2号”探测器以近距离飞掠天王星时，意外穿过了一个巨大的等离子体“气泡”，这个“气泡”正是来自天王星的，还把天王星的一部分大气物质带了出来。它长约**20万千米**，宽约**10万千米**，周长是地球周长的**10倍**！

如诗的卫星群

一般行星的卫星，都以希腊神话或罗马神话里的人物命名，但是，天王星与众不同。它的**27颗**卫星，名字要么来自莎士比亚笔下的戏剧人物，要么来自蒲柏的诗文，比如“米兰达”（天卫五）、“艾瑞尔”（天卫一）、“乌姆柏里厄尔”（天卫二）、“泰坦妮娅”（天卫三）、“奥伯龙”（天卫四）等。

以国王为名

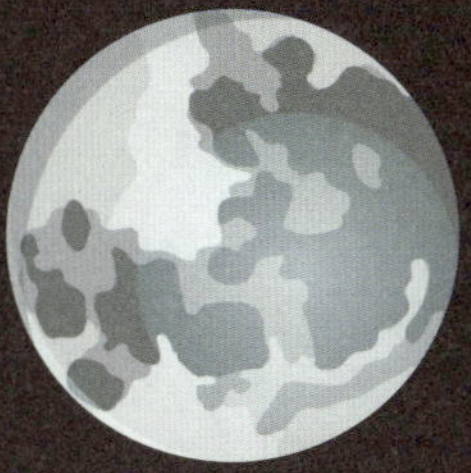

1781年，赫歇尔发现天王星。当时他为了讨好英国国王乔治三世，将这颗新的行星命名为“乔治之星”。但是，其他天文学家并不太喜欢这个称呼，所以这颗星的名字最终被改成了“乌拉诺斯”，也就是希腊神话里的天空之神。

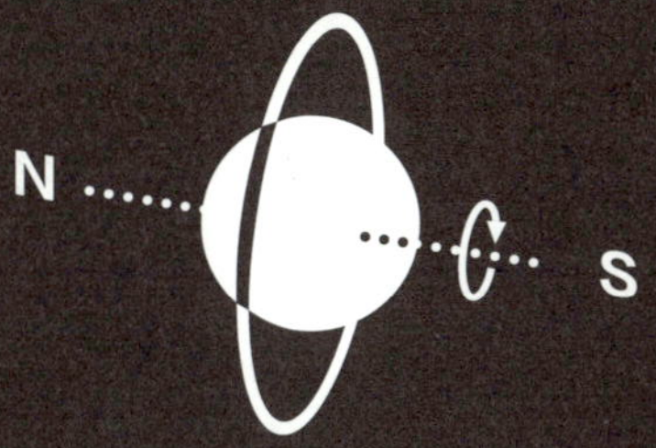

滚动运行

天王星在数十亿年前遭受过某个巨大物体的撞击，所以自转轴被撞“倒”了，从那时候起，它就一直“躺”在自己的轨道上运行，也就是说，以“滚动”的姿态绕着太阳转。

84年

地球大约每**365天**绕太阳运行一圈，但天王星的公转过程所需的时间大致是地球的**84倍**。换句话说，天王星上的**1年**约等于地球上的**84年**，也就是天王星上的一个季节折合地球上的**21年**。另外，这颗气态的巨行星“躺”着自转的特点，导致它表面的夏季区域可以一直见到太阳，而冬季区域则始终处于一片黑暗之中。这等于是说，天王星上的一个白天可能持续**21年**，而一个黑夜也可能持续**21年**！

无处着陆

任何探测器如果试图降落在天王星表面，都会被压力和低温摧毁，而且即便它们躲过了这些，也找不到可以着陆的地方！天王星是太阳系外围的冰质巨行星，它没有坚硬的表面。在这颗奇怪星球的表面，大部分地方都是无序流动的冰状流体。

宇宙中最庞大的钻石，可能是一颗星星

在距离地球**50光年**的地方，有一颗像脉搏一样跳动的星，它等于一块重达**100亿亿亿亿克拉（1克拉等于0.2克）**的钻石，也就是一个1的后面跟着34个零！这颗星实际上是一颗耗尽了核反应燃料之后“死亡”的白矮星，它内部的结晶碳就是钻石。

星钻争辉

地球上已经发现的最大钻石，在它遥远的太空同类面前，显得望尘莫及。

名称	库利南钻石	BPM 37093
别名	非洲之星	露西
位置	地球	半人马座
大小	10.1厘米×6.35厘米×5.9厘米	直径7931千米
质量	621.35 克	2.188×10^{30} 千克
克拉数	3107	100亿亿亿亿
价格	4亿美元	无法估量

露西

这颗白矮星的正式名称是BPM 37093，但人们更喜欢喊它的别名“露西”，这个称呼来自甲壳虫乐队的一首歌《露西在缀满钻石的天空中》。

硬核星球

钻石是我们已知的最为坚硬的物质。能在钻石上划出痕迹的，恐怕只有另一块钻石！

宇宙之声

“露西”这颗星不仅看起来令人震撼，听起来也让人惊讶！由于它不停地发生脉动，它的声音播放出来就像一面巨大的“宇宙锣”：咣——

太空钻石

我们观察“露西”，几乎等于观察太阳的最终命运。科学家们认为，太阳在**50亿年**之后也会像“露西”经历过的那样，先是爆发成为超新星，然后再用**20亿年**时间演变出晶莹剔透的坚硬内核，成为另一块耀眼的太空钻石。

行星上的雨，真是意想不到

在地球上，每当开始下雨，我们都十分确定：雨只是一种从天而降的水。但是，在太阳系中的其他星球上，如果遇到“下雨”，那么对于那些从天上掉下来的东西，雨伞恐怕没多大用处！

地球

地球上的降雨，实质上是大气中的水蒸气凝结为液态的水滴，这些水滴最终会受地球引力的作用而坠向地面。

土星

木星

海王星

科学家们相信，土星、木星和海王星上可能下起由微小钻石形成的“雨”！据推测，浮在这些星球大气中的碳原子，会在超级浓厚的大气层的巨大压力下变成微小的钻石。但科学家们也怀疑，这种闪闪发光的“钻石雨”在落到这些星球表面之前，就会被高温的环境所融化，变成一种奇特的“钻石泥”。

太阳“雨”

你知道即便是太阳上也会下“雨”吗？这就是“日冕雨”，它是由太阳外层大气中的高温等离子体冷却并凝集而成的。太阳的磁场会吸引这些“雨滴”回到太阳表面。

金星

金星上的“硫酸云”肯定是你唯恐避之不及的。由于金星表面温度非常高，这些酸性的液体甚至来不及降落到金星表面就变成了气体。

土卫六

“泰坦”是土星最大的卫星，其温度低至零**下179摄氏度**。这种低温会催生由液态甲烷组成的“雨”，其液滴的大小是地球上雨滴大小的2倍，而其下落速度只有地球上雨滴速度的1/5。

火星

科学家们发现，火星是太阳系中唯一会下“干冰雪”的行星。所谓干冰，就是固态的二氧化碳颗粒。此外，火星表面也能找到与地球上相同的也就是由液态水冻成的雪。

人

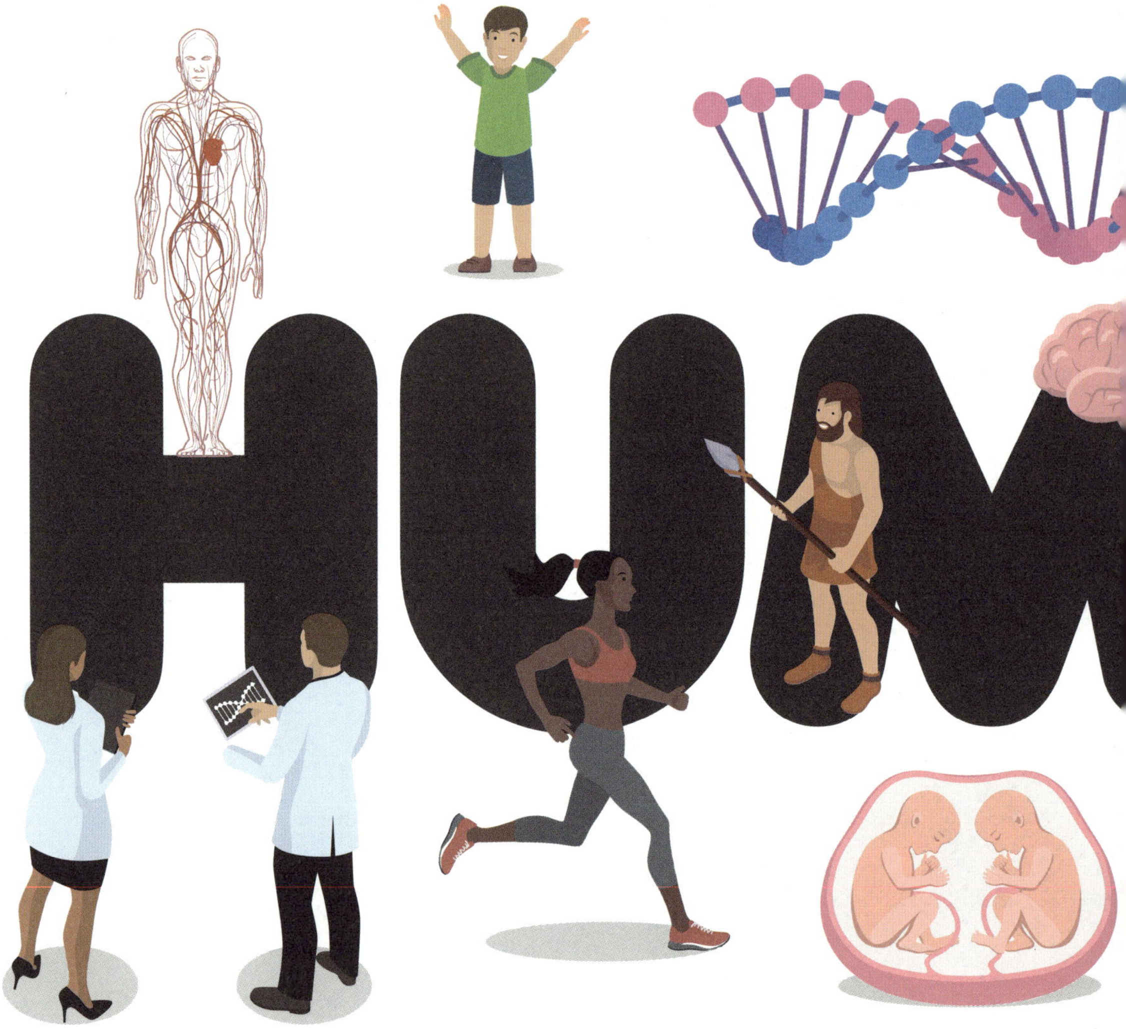

体

有些人可以看到声音，听到颜色

想象一下，如果我们每次听到钢琴演奏，都会感觉有人在按摩头皮，或者当我们看到一只猫时，嘴里就会尝到花生酱的味道，又或者每周的周一对我们来说是明亮的橙色。这听起来是不是有点怪怪的？但如果我们有联觉症，上面所叙述的都是在日常生活中可能出现的情景。

联觉症是一种大脑将我们的各种感官混合在一起的状态。它的出现通常与遗传有关，但除此之外，科学家尚未明确联觉症的原因所在。有联觉症的人往往意识不到他们所听、所见、所感与其他人相比有多么不同。

看到音乐

很多人相信莫扎特也有某种形式的联觉症，因为他曾用颜色来描述“调”。对他来说，D大调的声音是暖橙色的，而降b小调“听起来”是黑色的。莫扎特甚至使用不同的颜色写不同的音符。

超能力

每个超级英雄都有各自不同的超能力，联觉症也像一种超能力。联觉症有几种不同的类型，它们各有特点。

色联觉者会将声音与颜色联系到一起。他们可能在听到狗吠声时想到红色。色联觉者往往拥有绝对音感。

有字形颜色联觉的人会将特定颜色与字形或数字联系到一起。如果看到一页乱七八糟排满了“1”和“2”的纸，他们可以轻易地指出所有的“1”或“2”在哪儿，因为在他们眼中，不同的数字颜色不一样。

有空间序列联觉的人会将抽象的序列看作空间中的点，未来一年中的每一天可能对他们来说就像是一幅三维地图。

最神奇的联觉形式是镜反射触觉联觉症。有镜反射触觉联觉症的人只需看着别人就能感知到他们的感觉。看到别人遭受疼痛折磨的时候，该联觉症患者也会感到疼痛。毫无疑问，具有这种“读心能力”的人有着非常强的同理心。

在联觉症者眼中的字母和数字有可能就是这样的。

我们可以控制

梦中梦

你有没有过从梦中醒来，像每天一样起床并继续自己的生活，直到发生一些奇怪的事，才意识到自己并没有醒来的经历？这是一种假醒状态。在你第二次醒来之前发生的一切，实际上还是一个梦。有些人甚至会在梦中入睡并做梦，可能直到真正醒来前会经历多次假醒状态。

我们的梦境

你在梦里曾经意识到过自己在做梦吗？如果你意识到了，那么你就正在经历一次清醒梦。清醒梦中的你知道自己在做梦，并且能够控制角色、情节，甚至整个环境。

有些人甚至会训练自己每晚做清醒梦。在梦里，他们如果想飞，那么就可以飞起来，像飞机一样在空中翱翔。

人的一生中有1/3的时间在睡觉，其中大约6年时间是在做梦。这相当于在不同的世界度过2100多天。

人体小挑战

在床边放一本梦境日记，醒来后趁着记忆还没消失赶紧记下来，过段时间可以翻翻看记下了什么有趣的梦境。你现在能记起的做过的最刺激的梦是什么？

未解之谜

每个人都会睡觉，每个人都会做梦，但不是所有人都能记住自己的梦。“究竟为什么会做梦”依旧是有关生命的一个未解之谜。现在我们已经知道睡眠可以帮助我们恢复身体状态，我们会在脑海中创造出一个个包含各种人物与故事细节的梦中世界，但我们对于为什么我们能够做到这一点依然不得而知。

一心二用

我们的头脑可以在创造一个梦境的同时对梦中发生的事情感到惊讶。想想看，噩梦中的一切都是由我们的大脑创作出来的，但我们偏偏还会被它吓到。

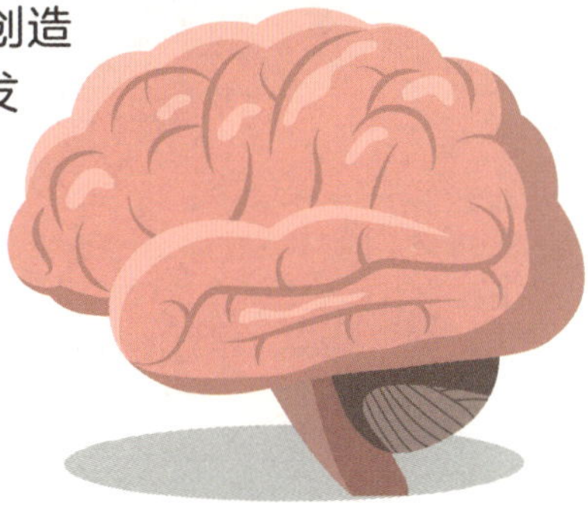

大脑就像宇宙

人类的大脑是整个宇宙中最神奇也最复杂的器官。它有大约**860亿个**神经元——这些神经细胞以发送化学与电子信号的形式向我们的身体各处发送信息。

100万亿

这是大脑中包含的突触的数量。突触是神经元之间相互接触的关键部位，是神经元之间交流信息的地方。

点亮一个灯泡

当我们醒着的时候，人脑能够产生大约**23瓦**的电力，刚好够给灯泡供电。

大脑没有任何痛觉感受器，这意味着大脑自身无法感受到疼痛。当医生做脑外科手术时，大脑什么也感受不到。

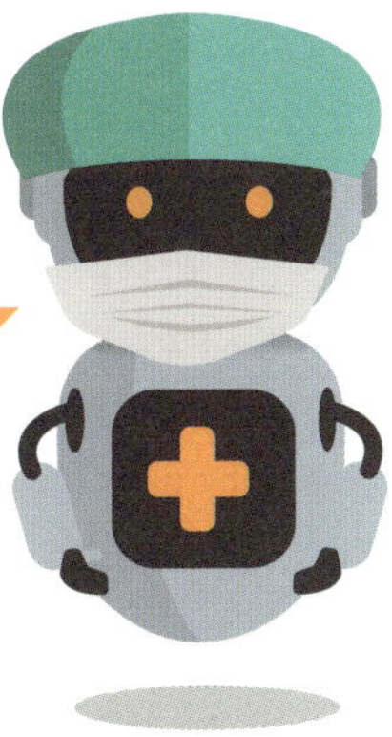

大脑中约 73% 的物质是水

多喝水

喝水有利于身体健康，特别是对大脑很好。当身体处于脱水状态的时候，大脑受到的影响非常大，不但注意力和记忆力会受到影响，我们可能连简单的任务都无法完成——更别说复杂任务了。

每小时460千米

这是大脑传递信息时所能达到的最快速度。比一级方程式赛车还快！

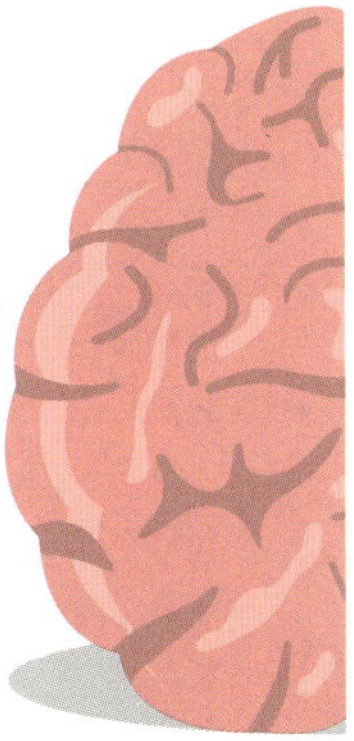

大脑半球切除术

大脑半球切除术指的是为了治疗癫痫而进行的一种手术，会切除一半大脑或用医疗方法使一半大脑丧失功能。

双胞胎“天地实验”

在科学研究中，科学家经常会设置一个实验组和一个对照组。一对同卵双胞胎因为有很多共同的属性，所以可以组成完美的实验对象和对照对象。科学家曾经同时监测一对双胞胎的身体变化，这对兄弟中的其中一个在国际空间站停留了**340天**，而另一个一直待在地球上。科学家发现这对双胞胎的基因活性产生了很大差异，停留在太空中的那个不但前额皮肤变厚了，眼球形状也有了改变。

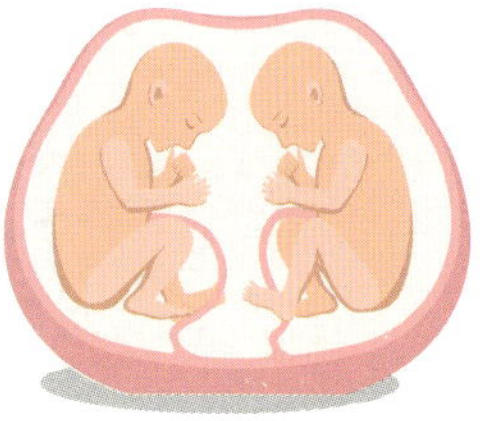

最初的友爱

同卵双胞胎在母亲的子宫内就有了第一次交流，有研究显示，同卵双胞胎胎儿甚至会在子宫中抚摸自己的兄弟/姐妹的头部和背部。

自幼分离的同卵双胞胎……

相似但不同

虽然同卵双胞胎有相同的基因，但他们的指纹并不相同，不过基于相同的基因，他们的指纹存在相似的特征。

不言自明

隐语症是一种通常由双胞胎在语言能力发展时期通过彼此间相互交流和模仿而发展出的一种属于他们之间独创的语言交流模式。

……和相伴成长的同卵双胞胎一样相似

科学家曾经对**100多对**因各种原因自幼分离的同卵双胞胎进行研究，结果显示，尽管他们没有一起长大，但他们长大后仍然惊人地相似。这些双胞胎都和自己的兄弟/姐妹有着相似的性格、气质和兴趣。

我们都是变种人

互利共生

脱氧核糖核酸（DNA）是生命的基石。它由两条螺旋状排列的长分子构成，像是扭结在一起的梯子，这种结构通常被称为双螺旋结构。

DNA存在于我们身体中每一个细胞的细胞核里，它携带有合成核糖核酸（RNA）和蛋白质所必需的遗传信息，对生物体来说是必不可少的。

现实中的“变种人”并不像电影或漫画中的超级英雄或可怕怪物。突变只是生物体内的遗传物质的一种普遍存在且每天发生的变化。我们每个人都是变种人。

突变，意味着遗传物质没有继续维持原有的规律。当我们的DNA被复制时，当DNA暴露于某些化学品或辐射中时，就可能发生突变。如果遗传物质从来不曾突变，那么地球上的生命将仍然是**36亿年**前生命诞生之初的模样。直到突变开始发生，进化才会爆发，突变改变了遗传物质，也彻底改变了历史，进而也让我们有机会从书中读到这段文字。

变异不停，生命不止

有史以来，人类就一直在变异，并且可以确定的是，人类在将来也会一直变异下去——不过发生变异的速度正在减慢，每年人类的新突变数量已经明显少于与我们亲缘关系最近的黑猩猩。

我们如此相似

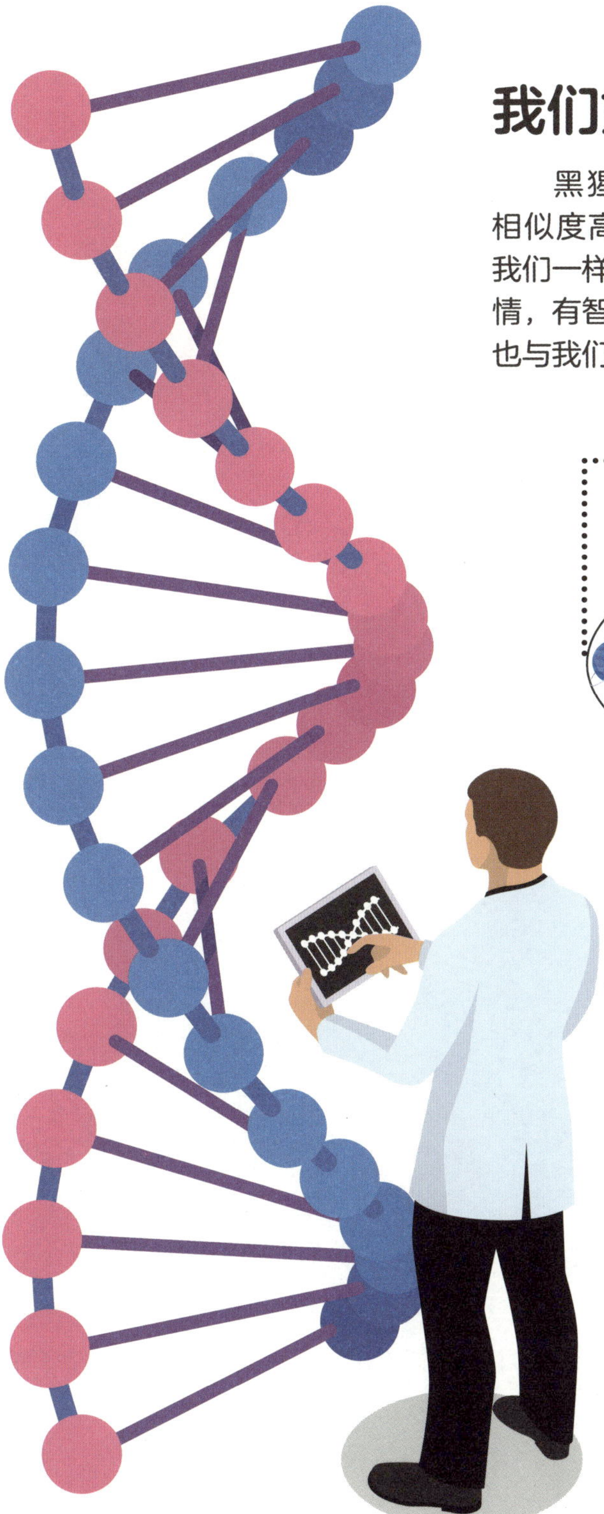

黑猩猩与人类的基因相似度高达**99%**，它们和我们一样，喜欢玩耍，有感情，有智慧，很多身体结构也与我们非常相似。

首尾相连

如果把我们体内的所有DNA分子首尾相连地排列起来，它们的长度是太阳系直径（以海王星轨道为边界）的**2倍**多！每个人体内都有**200亿千米**长的DNA分子。

了解不同

人类彼此之间有**99.9%**的基因是相同的，而在基因中占比极小的**0.1%**的差异决定了每一个人与其他人的不同，从单双眼皮到年老时更容易患上哪种疾病，全都写在基因之中。

我们是思考其他原子的原子

从夜空中的群星到脚下的地面（以及你的脚），宇宙中的一切都是由原子构成的。原子是世界的基础。原子非常非常小，由更加微小的粒子构成。我们每个人都是原子的集合体，我们每天看到、听到、接触到并思考着的也都是原子的集合体。

原子的体积非常非常小，试着想象一下，50万个原子排成一条直线的长度可能还不如一根头发丝宽。

电子是构成原子的三种基本粒子中最小的一种，带有负电荷。

中子不带电。

质子带有正电荷。

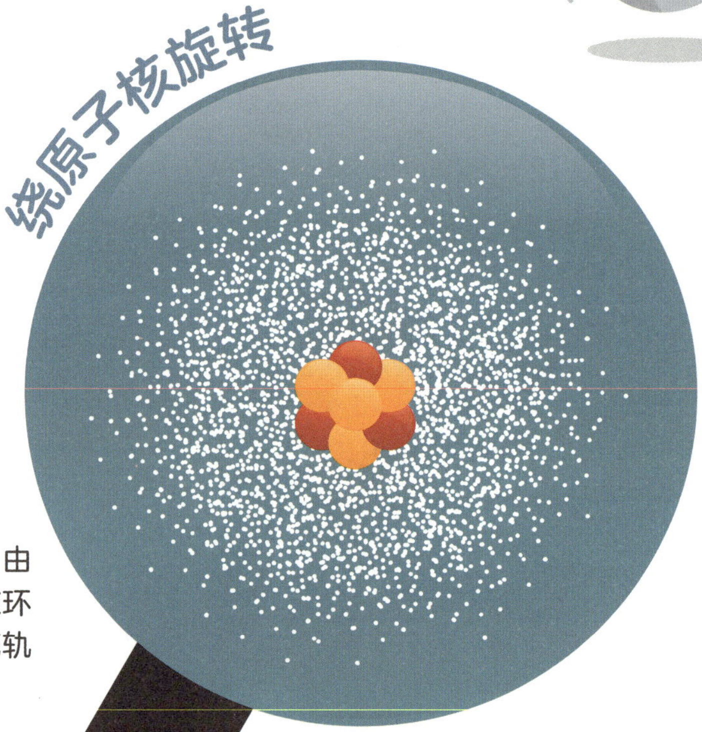

原子核位于原子中心，由质子和中子组成，电子会在环绕原子核的不同半径的球壳轨道中绕原子核旋转。

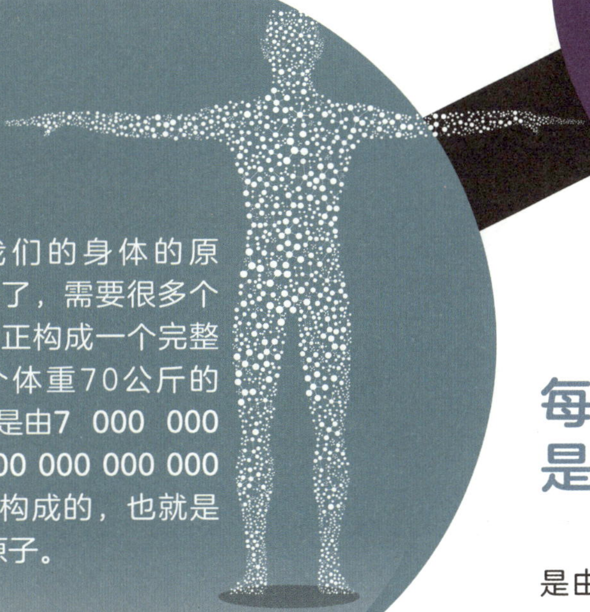

10^{27}

组成我们的身体的原子实在太小了，需要很多个原子才能真正构成一个完整的人。一个体重70公斤的成年人大约是由7 000 000 000 000 000 000 000 000 000个原子构成的，也就是7×10^{27}个原子。

每个人都是水做的

人体的99%是由氢原子、碳原子、氮原子和氧原子组成的。一个成年人的身体有60%的质量是水，而水由氢原子和氧原子组成。

原子内的空间

原子核大约是它所“居住”的原子的1/100 000。想象一下，如果一个原子有足球场那么大，原子核就是球场中央的一只蚊子。原子中除去原子核占去的体积还有很大的空间。如果我们能把原子中原子核以外的这些空间全部“拿走”，让每个原子只有原子核那么小，世界会产生令人震惊的变化——全体人类集合起来也不如一块方糖大。

氢原子是宇宙中最常见的原子。银河系中约75%的质量都是氢原子。

地球上有80亿人

792米

只要一个边长为792米的立方体箱子就可以装下地球上的所有人

人山人海

住在地球上的人越来越多了。世界人口正以每年1.1%的速度增长，相当于每年增加超过8000万人。预计全球人口将于2030年达到86亿，2050年达到98亿，2100年达到112亿。

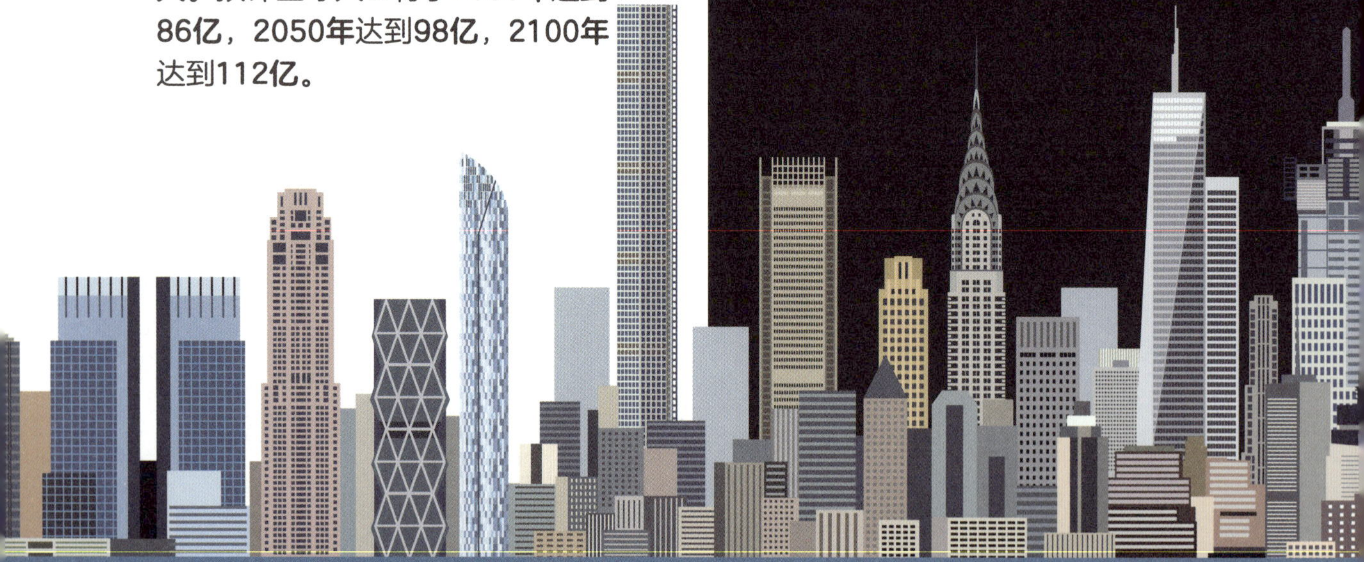

如果全球**80亿人**决定在一起生活，那么我们需要多大的屋子呢？好消息是，一个边长为792米的立方体箱子就可以装下我们所有人；坏消息是，我们的“新家”没有窗子，而我们所有人也必须像叠罗汉一样紧密地挤在一起。

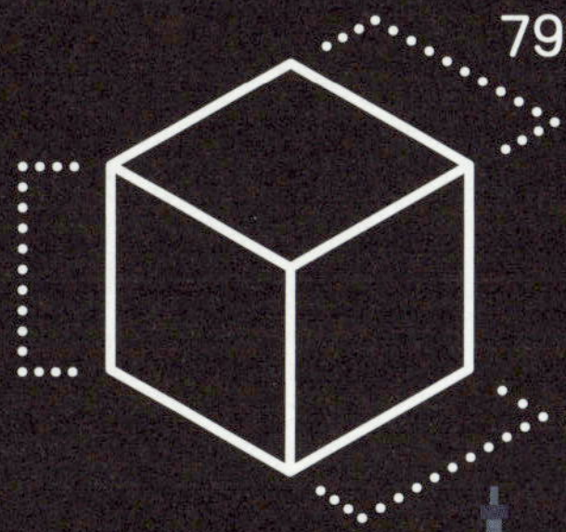

0.062 立方米

0.062立方米是一个人所占的平均物理空间。

计算步骤

已知：世界上有**8 000 000 000人**，平均每个人占用**0.062立方米**。求：世界上所有人需要占用的总空间。我们只要把这些数字相乘，就可以得出所需的总空间，即**496 000 000立方米**。

如果要继续求出一个体积为**483 600 000立方米**的立方体的边长是多少，只要求得483 600 000的立方根（$\sqrt[3]{\ \ }$）就可以了，约等于792米。

人体小挑战

你的班级里一共有多少人？你能用上面的这种计算步骤算出你们班级里的所有人一共需要占据多少空间吗？如果不会算，可以向成年人求助。

我们本来就拥有五种以上的感官

我们经常提到的五感包括触觉、视觉、味觉、听觉和嗅觉，但这五感其实是我们感受世界的基础。设计精巧的人体结构中可能包含超过**20种**感觉，包括感觉饥饿、感觉口渴以及感觉该上厕所了。为了接收外界事物的刺激，我们的身体有各种各样的感觉器，眼睛、耳朵、鼻子、皮肤、舌头、血液、膀胱和大肠等中都有大量的感受器。

人体的肌肉和关节中也有感受器，这些感受器可以告诉大脑身体的各个部位都在哪里。这么描述可能太抽象了，完成下面的动作我们就能理解这些感受器能做什么了。现在试试看把两只手的食指指尖碰在一起，再试试闭着眼睛轻轻摸摸鼻子。我们能精确地完成这些动作就多亏了这些感受器。

眼睛：眼球中有两种不同类型的视觉细胞——视锥细胞和视杆细胞。视杆细胞可以感知光的强度，当我们处于昏暗的光线下，视杆细胞就会做出反应。视锥细胞分为三种，每一种可以感知一种视觉原色（红、绿、蓝），但视锥细胞需要明亮的环境才能正常感知颜色。

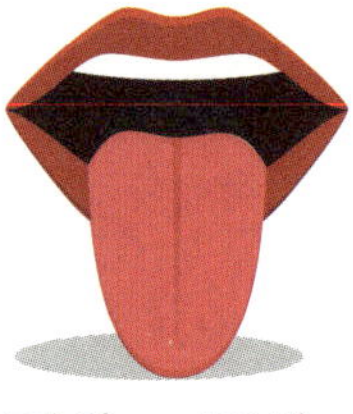

舌头：舌头上有味觉感受器，它们使我们拥有味觉。

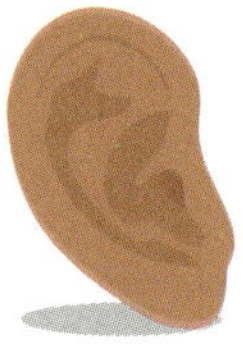

耳朵：内耳中有听觉感受器，能对振动的声波做出反应；还有平衡感受器，可以感受身体（或头部）的旋转运动，辅助我们维持平衡。

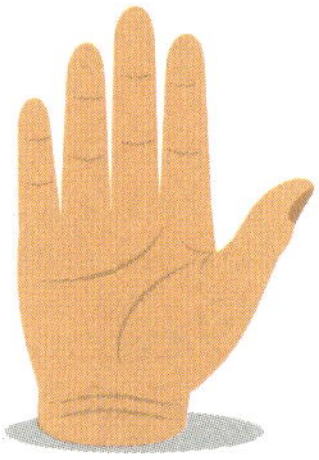

皮肤：皮肤是非常神奇也非常繁忙的感受器。我们的触觉、痛觉、感受温度及感觉到痒，都要归功于皮肤下面不同类型的感受器。

鼻子：鼻子里有数百种不同的嗅觉感受器，它们使我们拥有嗅觉。

血液：血液中有负责检测盐与葡萄糖浓度水平的化学感受器，这些感受器让我们的身体得以了解该进食还是喝水。

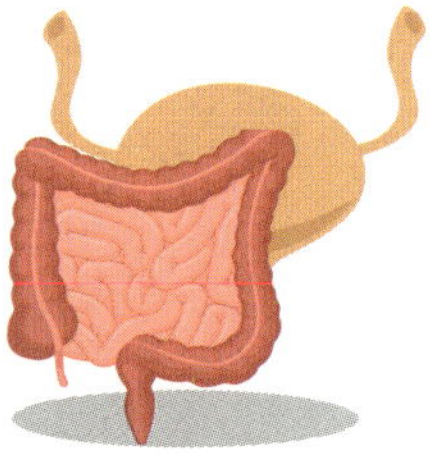

膀胱和肠道：膀胱和肠道内的感受器会告诉我们什么时候该上厕所。

第六感

有时候我们会有点其他的特殊感觉，比如感觉到有人在看自己，或者预先察觉到天气的变化。你有这类特殊的第六感吗？

人体小挑战

试试看，故意在别人面前假装打哈欠，看看他们会有什么反应。分别对10个不同的人打哈欠，记录下其中有多少人被你“传染”了。

我们究竟为什么打哈欠依旧是个未解之谜

人们经常会在感到疲倦或者刚刚睡醒时打哈欠。但感到无聊、焦虑、饥饿或准备面对新挑战时，人们也会打哈欠。你知道打哈欠会“传染”吗？记着下一次看到别人打哈欠的时候一定要努力忍住哈欠。甚至你在看这段关于打哈欠的文字时，也会想打哈欠。

虽然我们已经知道了这么多有关打哈欠的事情，打哈欠的确切原因却依然是未解之谜。

来打个哈欠

究竟什么是打哈欠？有位科学家将打哈欠描述为下述动作：人们张开嘴并打开喉咙，先吸入空气，再呼出空气，最后再闭上嘴。通常这个哈欠只是一系列动作中的第一个，哈欠并不会就此停止，我们还会接连打第二个和第三个哈欠（甚至更多）。有时我们真的很难从接连不断的哈欠里停下来。

这是一个哈欠的平均持续时间，研究显示，男性的哈欠持续时间比女性长。在这短暂的**6秒**内，人们的心率会增快**30%**。

大家都会打哈欠

似乎每个人都会打哈欠，连子宫里未出生的婴儿都会打哈欠。你知道吗？猫、狗、鸟和鱼也会打哈欠。看到主人时，狗经常会打个大大的哈欠，而听到主人打哈欠，狗可能也会跟着打哈欠。

只有人类会脸红

很多动物都会打哈欠，但只有人类会脸红。我们通常会在紧张或者感到尴尬时脸红，我们的皮肤（特别是脸颊上的皮肤）会感觉更热，看起来也会变红。当我们脸红时，身体内也在“脸红”，身体会产生肾上腺素，肾上腺素会让我们的呼吸变快，心率变快，血管扩张。这些变化使得流向胃壁的血液增加，胃壁会跟着发红——所以你的胃跟你的脸颊一起变红了。

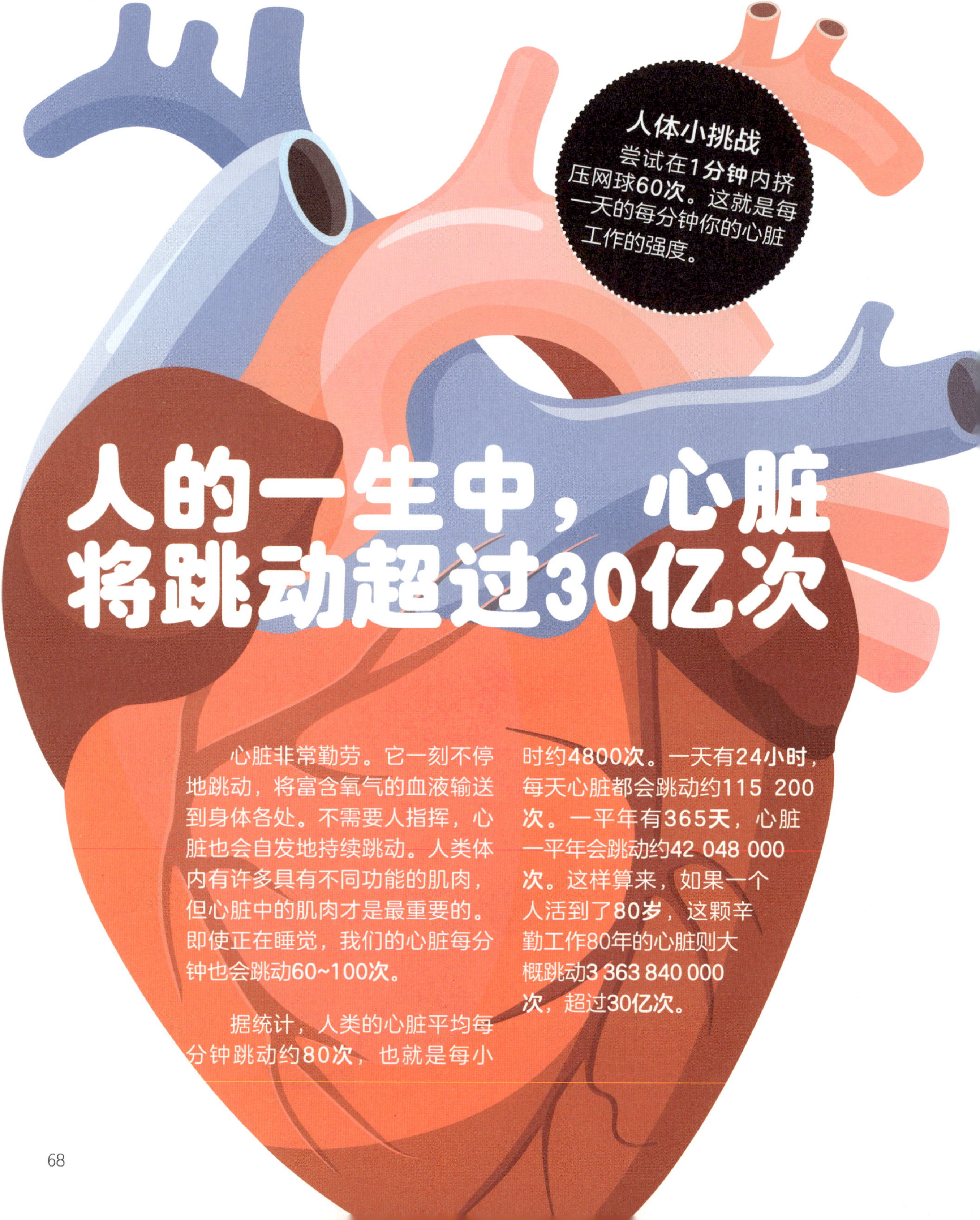

人体小挑战

尝试在1分钟内挤压网球60次。这就是每一天的每分钟你的心脏工作的强度。

人的一生中，心脏将跳动超过30亿次

心脏非常勤劳。它一刻不停地跳动，将富含氧气的血液输送到身体各处。不需要人指挥，心脏也会自发地持续跳动。人类体内有许多具有不同功能的肌肉，但心脏中的肌肉才是最重要的。即使正在睡觉，我们的心脏每分钟也会跳动60~100次。

据统计，人类的心脏平均每分钟跳动约80次，也就是每小时约4800次。一天有24小时，每天心脏都会跳动约115 200次。一平年有365天，心脏一平年会跳动约42 048 000次。这样算来，如果一个人活到了80岁，这颗辛勤工作80年的心脏则大概跳动3 363 840 000次，超过30亿次。

150 000千米

人体内所有血管首尾相接的总长度。如果把人体内所有的动脉、静脉和毛细血管都排成一条线，它的长度足以绕地球**3圈多**。

75万亿

人类全身的血液细胞数量。除角膜与指甲以外，身体的各个角落都有血管。

握住一颗网球，它能直观地告诉我们，我们的心脏每天的工作有多么努力。握住网球，单手用力捏一下它，这与心脏收缩和推动血液通往身体所需的力量相同。现在，试着在一分钟内用力捏网球60次，是不是感觉手臂有点酸了？请记住，我们的心脏每天每分钟都在这样工作。

7500升

人类心脏每天持续泵送的血液体积。血液为器官和组织带来氧气和营养物质，并带走二氧化碳和废物。心脏每天都在这样做，从不间断。

心脏能源

心脏会自己产生电脉冲，维持心脏跳动，这意味着如果心脏与身体分离，只要有合适的氧气供应，它将继续跳动。这听起来有点诡异，但确实是真的！

同“心”协力

合唱团的成员在演唱歌曲时不仅要使自己的声音与其他人和谐，甚至能让自己的心跳与其他人趋近一致。当合唱团唱歌时，他们的心跳会跟随旋律一起加速和减速，很快变得同步，最终可能会以相同的频率跳动。

人类是地球上最

擅长跑步的动物

虽然我们在跑得气喘吁吁时可能不会认同这个观点，但实际上，我们的身体是为了跑步而生的。在耐力跑方面，人类已经进化到比这个星球上的其他动物都更擅长耐力跑。人类比马、狮子甚至世界上跑得最快的陆生动物猎豹都更擅长跑步，我们不是所有动物中跑得最快的（毕竟我们只有两条腿），但我们跑得最远！

近40年来，威尔士小镇勒兰蒂德威尔斯每年都会举行全程**35千米**的人马跑步比赛。如果比赛时的气温比较高，经常会有并非专业运动员的普通人击败赛马，相比马儿，我们的身体结构让我们可以更好地散热。

汗流浃背

人类为什么可以成为如此优秀的耐力跑运动员呢？因为覆盖我们身体的皮肤上有**200万~400万个**汗腺，这方便我们在耐力跑比赛中降低体温。同时，人类从头到脚没有被浓密的毛发覆盖也是一个巨大优势。

快跑！

我们的祖先为了猎取跑得很快的猎物（如羚羊和瞪羚），努力发展奔跑的能力。随着时间的推移，我们的奔跑能力发展成一种进化优势，它让我们可以长距离地追踪和驱赶猎物，直到它们因为体温过高而停下来或者落入我们准备好的陷阱。

人类能够逐渐适应水底生活

人类肯定是更喜欢生活在陆地上。如果你对此不太确定，试试看把头埋进水里，体会一下憋气的感觉。虽然不同的人在水下憋气的时间不尽相同，但东南亚的巴瑶族明显比其他人更适应水下生活。他们可以将心跳降低到每分钟**30次**，并能够毫无困难地潜入**70米**深的水下，在水中猎取猎物时最长能够停留**13分钟**。巴瑶族工作时长的**60%**都是在水中度过的。为了适应水底生活，他们甚至进化出了更大的脾脏，脾脏可以让血液富含氧气，以降低他们在水中活动时的呼吸需求。

24 分钟

这是人类在水下憋气时间的世界纪录。这一壮举是在氧气瓶的辅助下完成的，潜水员在进入水中憋气前从氧气瓶中吸入纯氧并让纯氧充满整个肺部。

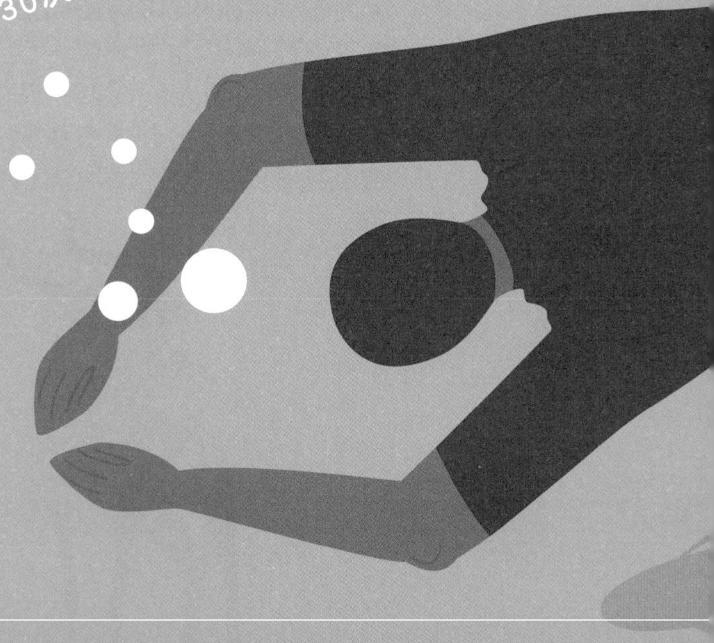

潜水反应

人类在水里憋气的时间总是比在空气中憋气的时间长。因为一旦我们感觉到自己被水淹没，身体的“潜水反应”就会被激活。我们的心率会降低，血管和脾脏都会收缩，这些反应是在为身体即将面临的缺氧状态做准备。

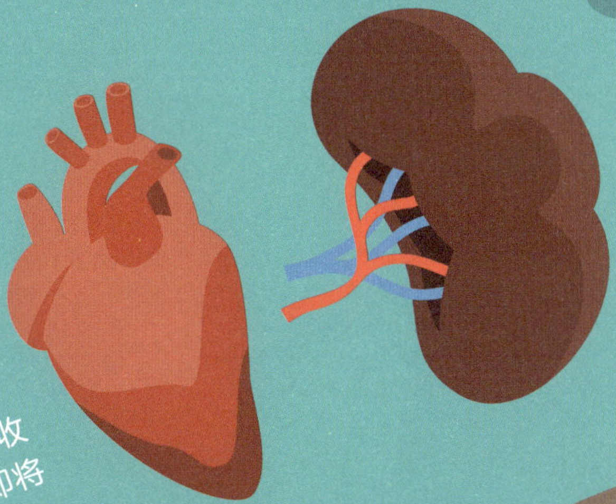

泡皱了

如果你曾经在浴缸或者游泳池里泡得太久，你会发现手指和脚趾的皮肤会变得皱皱的。科学家认为，这种皱缩的模样就像是汽车轮胎上的花纹一样，可以增强手脚在潮湿表面上的摩擦力。

心灵良药

当我们因为不舒服而去看医生时，医生通常会针对症状给我们开药。但在有的医学研究中为了保证结果的客观性，连医生也不知道自己发给患者的究竟是真正的药物还是安慰剂。但别担心，平常去医院看医生的时候并不会遇到这种情况，只有参与某些特定的医学研究时才会收到“假药”。人体是如此奇妙，有些受试者服用的虽然是“假药”，病情却也得到了改善。这种“假药”的医学术语是“安慰剂”，服用安慰剂后病情也得到改善的情况就被称为“安慰剂效应”。科学家认为，这些患者的病情能够改善是基于患者对药物能够帮助自己的强烈期望。似乎我们越希望药物或治疗方法能帮助我们，我们的情况就越可能向好的方向变化。

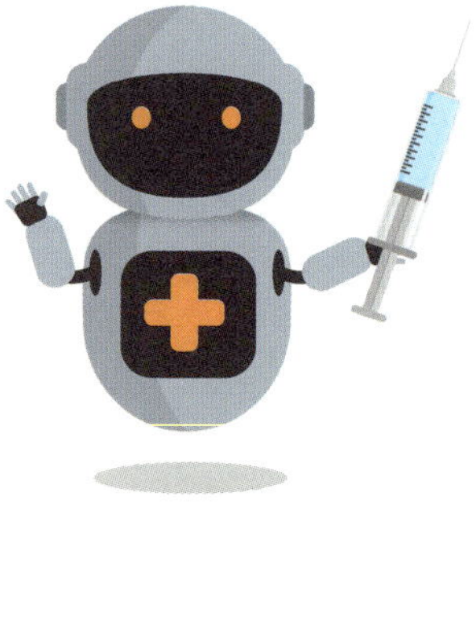

放松又快乐

如果我们的身体正处于某种疼痛中，安慰剂会有良好效果。这是因为对于“药物”作用的信任可以使我们的大脑释放内啡肽和多巴胺，它们有助于减轻我们的疼痛，并让我们感到快乐与放松。

控制变量

医生使用安慰剂并不是为了欺骗谁，而是这样可以更清晰地了解一种新药或新的治疗方法对于病情产生的影响。安慰剂经常被用于临床试验中，被试者会被分为不同的组，一些组被给予安慰剂，另一些组被给予新药，然后医生对安慰剂和新药的效果进行测量和比较，这样能够尽可能剔除我们强烈的愿望对于效果的影响，帮助医生判明新药中的活性成分本身的效果。

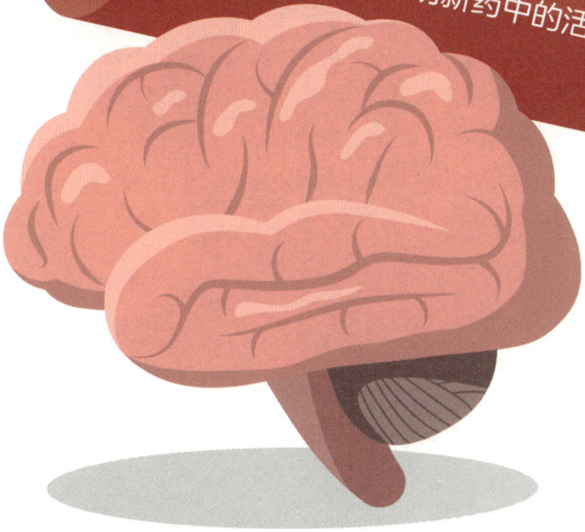

意志战胜物质

科学家无法确定安慰剂效应究竟是如何运作的，能确定的只是它展现出来的客观事实。安慰剂效应表明，我们的大脑对我们身体中发生的某些事的控制力可能远比我们认为的要强得多。

看起来一样

安慰剂通常是非活性物质，如糖丸、生理盐水或蒸馏水，但医生会让它们看起来和真正的药一个样子。

我们可以在黑暗中发光

有些会发光的生物非常有名，比如萤火虫、水母及那些看起来怪模怪样的深海生物。但其实绝大多数生物都能发出微弱的光，包括你我。我们现在就在发光，虽然非常微弱，但那也是光。

我们的身体中随时随地都会产生化学反应，这些化学反应往往会释放能量并产生热量。这些反应也经常会产生少量光子（光子是一种基本粒子）。由于这些产生光子的反应，我们的身体也会发出微弱的光，这种光的强度会随着时间的推移加强或减弱。大多数人发出的光在下午最强，在脸的下半部分最亮。可惜的是，我们无法看到自己发出的光，因为它的强度实在太弱了，仅仅是我们的眼睛能够看到的最低光照强度的1/1000。但科学家总有办法，有一种特殊的相机可以帮助我们观察我们发出的光。

“茄子！”

能捕捉到我们发出的光的相机必须敏锐且精密。这种相机能够检测单个光子级别的弱光，且需要在**零下120摄氏度**的完全不透光的房间中工作。被拍摄的人也必须待在完全黑暗的环境里，并保持全身赤裸。这是一张相当难拍的照片。

下午最亮

我们身体发出的光在一天中的不同时间段也会发生变化。强度最低的时间是**上午10点**，最高峰则出现在**下午4点**。过了下午4点，我们发出的光会逐渐变得微弱。发光这件事可能和我们的生物钟有关系。

颜面有光

我们的面部，特别是嘴和脸颊的部位，比身体的其他部位都更容易发光。科学家们猜测这可能是因为我们面部的下半部分暴露在阳光下的时间最长，因此也比身体的其他部位更容易晒黑。黑色素具有荧光成分，可能正是它增强了我们发出的光。

世界上只有1/3的人能喝牛奶

如果你平时就喜欢喝牛奶而且不会因为喝牛奶而身体不适，那么你是非常幸运的，世界上有很多人因为身体内缺少一种酶没办法消化牛奶。不能消化牛奶就是乳糖不耐受，这意味着人体不能消化牛奶中的一种糖——乳糖。如果乳糖不耐受的人试着喝牛奶，牛奶在消化道中产生的气体可能会导致放屁、腹胀、肠痉挛或腹泻。世界上有2/3的人有乳糖不耐受，也许我们不该再把这种现象称为“乳糖不耐症”，毕竟“症”一般代表着“不正常”；反而是另外那1/3的人有一种奇妙的能力，因为他们能够消化乳糖，所以他们能随便喝牛奶。每个可以随便喝牛奶的人都具有神奇的基因适应性。

天差地别

全球约有2/3的人对乳糖不耐受，而这个比例在不同的国家和地区之间的差异也相当大。在北欧，乳糖不耐受人群可能只占总人口的5%，而在亚洲，这个比例可能高达90%。据估计，美国有4000万人患有某种形式的乳糖不耐症。

喝牛奶吧

瑞典人和芬兰人对乳糖的耐受性都非常高。74%的瑞典人及82%的芬兰人能够畅饮牛奶。斯堪的纳维亚半岛的挪威、丹麦、冰岛人也很喜欢喝牛奶。

我们看不见自己的鼻子了！

别怕，鼻子还在！照镜子时，我们会首先注意到我们的鼻子，它骄傲地盘踞在面部正中，让人无法忽视。但当我们没有照镜子的时候，我们好像就看不到自己的鼻子了，向双眼内侧看的时候，明明能看见鼻子出现在视野范围的边缘，但当我们向前方看时，鼻子就像消失了一样。

鼻子会从视野范围内消失不见，是因为我们的大脑选择忽略它。大脑巧妙地处理接收到的视觉信息，并从视野中删除它——因为我们看东西的时候并不需要一直看到自己的鼻子。

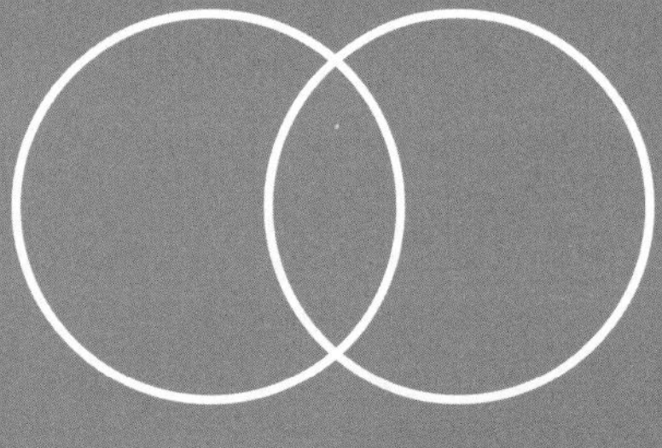

双眼视野

鼻子挡住了双眼的一部分视野，但大脑却通过从未被遮挡的部分构建出了一幅完整的画面。

侧面视野

我们不会注意到鼻子的另一个原因在于，它位于视野的侧面，且鼻子的位置非常接近眼睛，这使得我们一旦看稍微远一点的物体时，鼻子就对不上焦了。

过滤信息

被大脑过滤掉的不仅是鼻子，还有一大堆其他的视觉信息。在我们戴眼镜的绝大多数时间里，我们根本意识不到自己戴着眼镜，因为它被大脑忽视了。大脑有选择地过滤掉一些无用信息，以免被过量信息所淹没。

人体小挑战

有个办法可以让我们在不照镜子的时候重新看到鼻子。只要闭上左眼，鼻子就会立刻出现在右眼的视野左侧；睁开左眼，闭上右眼，鼻子出现在左眼的视野右侧。同时睁开两只眼睛，鼻子将再次消失！就是这么奇妙！

我们肠道里的微生物……

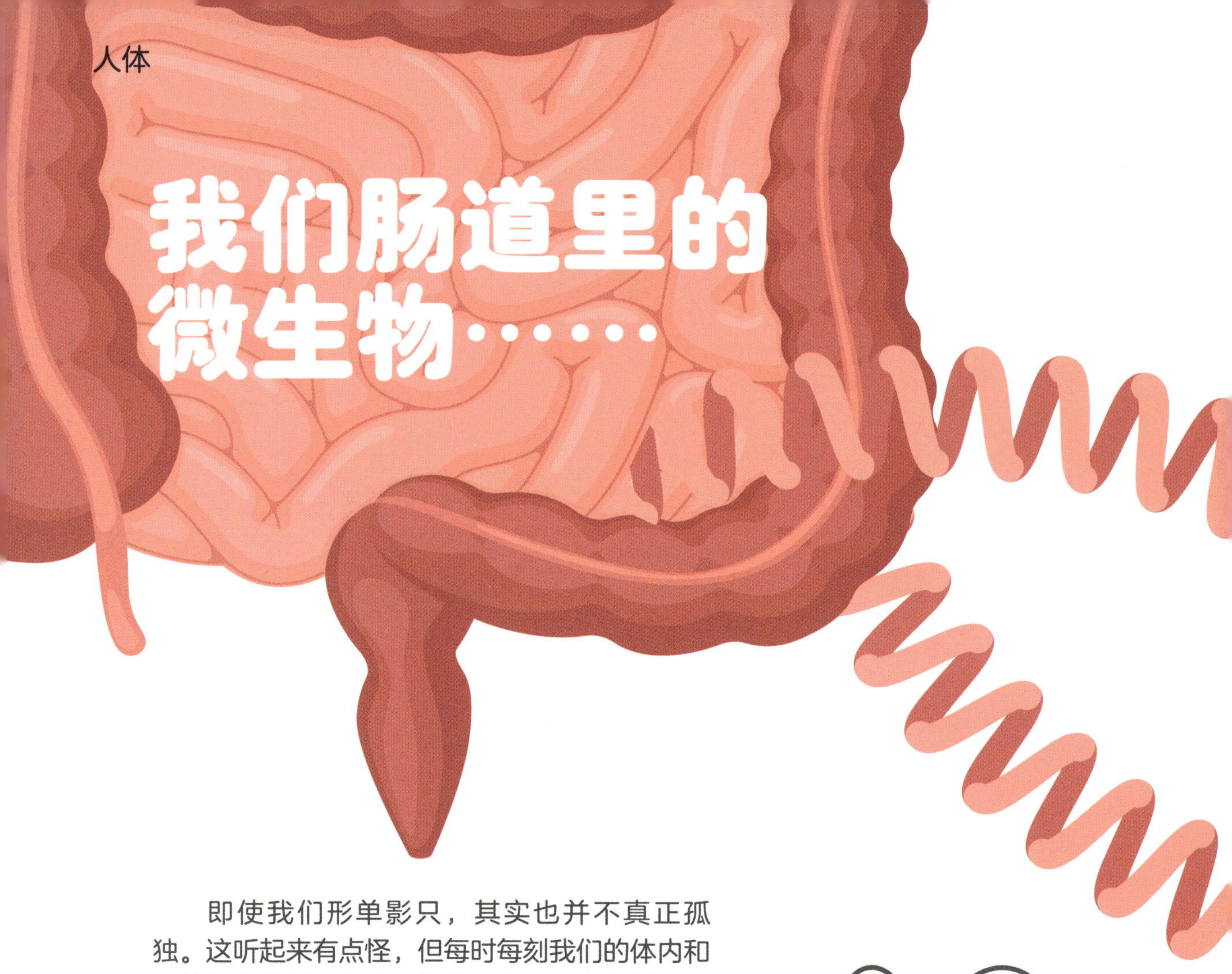

即使我们形单影只，其实也并不真正孤独。这听起来有点怪，但每时每刻我们的体内和体外都有数以万亿计的细菌、病毒、真菌以及其他被称为微生物的细小生物陪伴着我们。而生活在我们体内的微生物数量实际上超过了我们自身的细胞数量。

这些微生物对我们的健康有着巨大助益，它们不但能给我们的细胞提供营养，还会辅助我们的免疫系统进行防御，防止其他有害细菌和病毒的入侵。肠道中的微生物会把我们的身体当作它们的家，它们会在肠道里直接与我们的大脑进行交流。虽然时至今日，我们仍然不知道这些微生物到底说了什么，但它们所说的内容都会影响我们的大脑，影响我们的行为和心理健康。

10 万亿

这是生活在肠道内的微生物的总数。

200克

住在肠道里的微生物的总质量。

95%

生活在人体内的所有微生物中肠道内微生物的占比。

用肠思考

除了成为这些神奇微生物的家园，肠道也像是我们的第二个大脑。肠道内有**1亿个**神经元，完全可以独立思考。它不需要大脑告诉它该怎么做，就能自己决定立即消化食物，而其他的任何器官，哪怕是永不停歇的强壮的心脏，都无法做到这一点。

肚子里的一居室

人类的肠道的表面积约为**32平方米**，差不多相当于一个小的一居室的面积。

实验小鼠

科学家首次发现肠道微生物与大脑之间的联系是在使用小鼠作为实验对象的研究中，如今科学家依旧使用这些毛茸茸的朋友进行研究工作。

……会和我们的大脑说话

地

球

地球越转越慢了

地球在不停地自转。如果我们需要为此找一个便捷的证据，那么只要观察太阳在天空中的位置变化就好了——那就是地球自转产生的视觉效果。地球的自转持续不停，每**23小时56分钟**转一圈。但令人惊讶的是，我们根本感觉不到地球自转，因为我们周围的一切，包括地球的大气层，都在跟着一起转。假如地球突然发生宇宙级的“刹车”，那我们很快就会知道——因为大气层会继续以原来的速度运行，这意味着地球的大气会产生一场超级风暴，把地球表面的东西吹得七零八落！

但是，包括大气阻力在内的很多因素，都会让地球的自转速度缓慢下降。你或许会为“地球停止自转”而焦虑，但其实不用恐慌，因为这个变化率非常小：大约每过**100年**，地球上的一天才会变长约**1.64毫秒**，即**0.001 64秒**。这样看来，我们连为此调整时钟都没有必要！

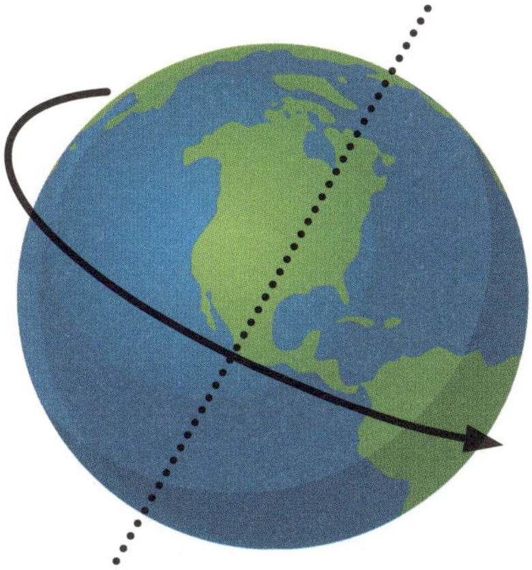

每小时 1670千米

这是地球赤道线上的自转速度。

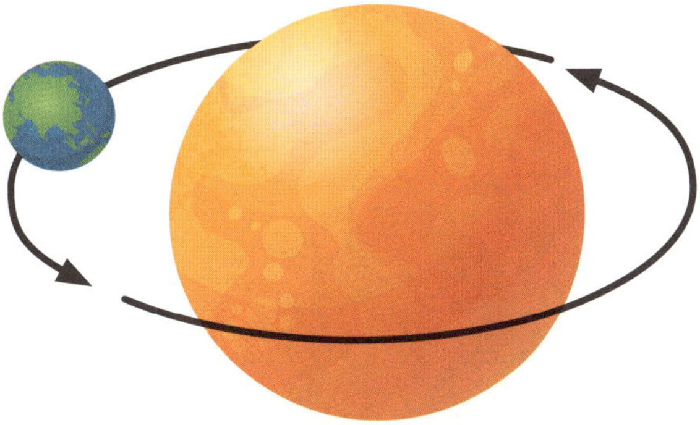

每小时 107 226千米

这是地球沿着轨道绕太阳公转速度。

银河系之旅

太阳不仅是地球和各大行星公转的中心，它还率领着整个太阳系，以**每小时72万千米**的速度绕着银河系的中心运行。这个速度快到惊人，但即便是用这样的速度，太阳系仍然需要大约**2.3亿年**才能绕银河系整整一圈。

慢慢来

地球自转的减速过程或许算是一种缓慢的渐变过程，但如果历经了漫长的岁月，它积累出来的变化依然相当巨大。比如在恐龙生活的那个时代，地球自转一圈仅需要**23个小时。**

地势起伏

除了两极稍扁平、赤道稍隆起，地球表面也是凹凸不平、起伏错落的。比如月球的引力会影响地球的形状，而大陆和海洋也会扭曲地球自身的形状。

年龄45亿岁

地球的历史悠久，很长一段时间以来，想进一步弄清地球的年龄都是一道超级难题——毕竟地球没有“出生证明”！为此，科学家们检测了不断变化的地壳岩石、月球岩石，以及落到地球上的陨石。目前，他们给地球计算出的年龄数字很大，达**45.43亿年**，这个数字可能有大约5000**万年**的误差。

地球并非球体

这个标题印错了吗？并没有。地球确实不是完美的球形，但这也不等于说地球是扁平的。其实，严格地说，地球是一个稍扁的球体——这种说法听起来有点儿怪。地球的南北两极稍显扁平，而赤道地区略微向外膨胀——诚然，地球非常接近一个完美的球体，但它并不是绝对的圆球。

地球之所以有这样的形状，是因为它在自转。自转过程中的离心力，会让地球的赤道区域有隆起的倾向，就像你看到有些比萨饼的面皮的制作过程：它的边缘在不停的旋转中变厚，中心则薄一些。以旋转的轴为中心，物质会向外移动，中心区则会变得相对平坦一些。

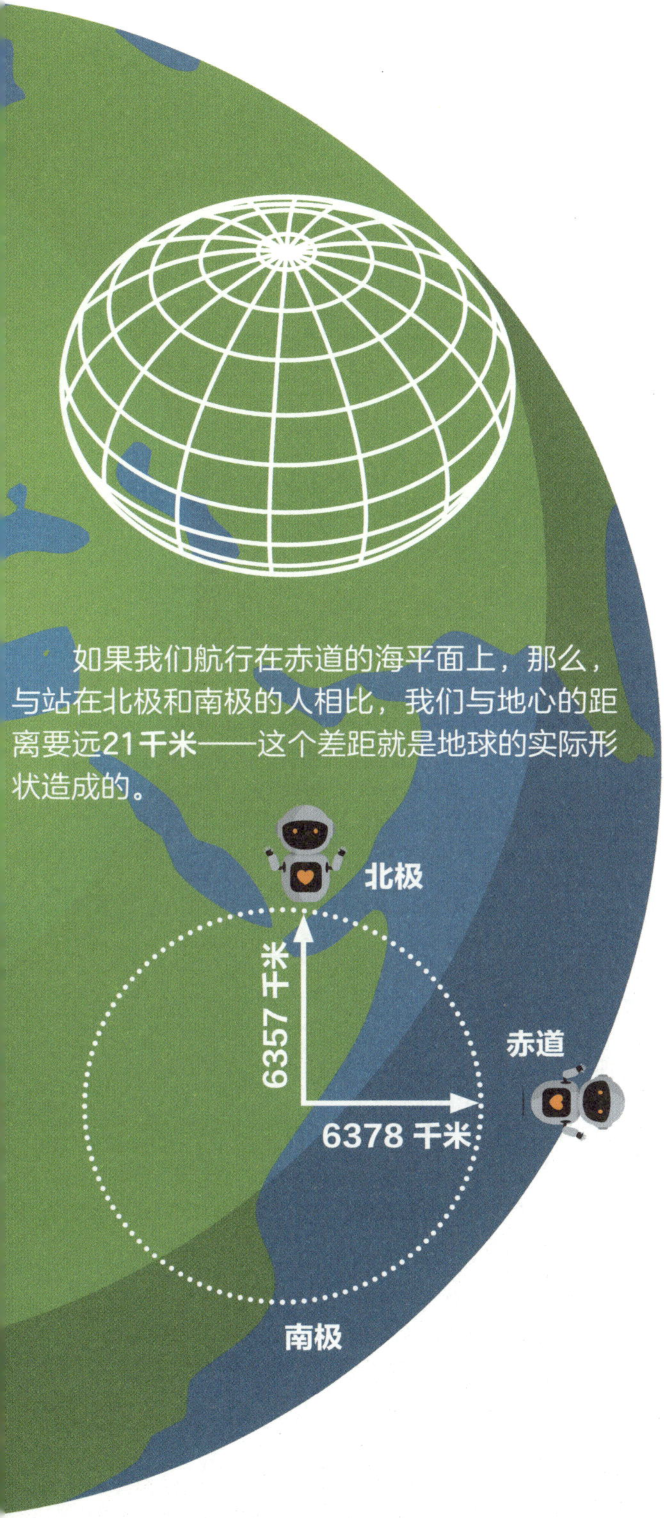

如果我们航行在赤道的海平面上，那么，与站在北极和南极的人相比，我们与地心的距离要远21千米——这个差距就是地球的实际形状造成的。

紫色世界

我们今天看到的地球以蓝色和绿色为基调。但其实，数百万年前的地球可能呈现出一种活力满满的紫色。古代的微生物从太阳获取能量的方式可能与今天的微生物很不一样，地球曾经呈现紫色也就顺理成章了。

谜一样的名字

“地球”的中文名字译自外语。“Earth”这个英文名字是谁起的没人知道。我们只能确定它来自英语单词eor(th)e或ertha，以及德语单词erde，这些词的意思都是“地面”。不过，究竟是谁选择了这个词作为地球名字的素材，至今还是不得而知。太阳系的各大行星的英文名字都是用希腊神话或罗马神话中的男女神祇命名的——地球是唯一的例外。

地球上的树木超过3万亿棵

我们知道地球上有很多的树，比如，只要环顾四周，通常不必找到很远的地方，就能发现一两棵树。树木无处不在，即使是在大城市这种“最难有树”的地方。但是我们或许不知道，地球上的树木总量竟然多到3万亿棵！确切地说，是**3.041万亿**棵，也就是**3 041 000 000 000**棵。换句话说，地球上的每一个人平均拥有**400多棵**树！

树木不仅能让我们感到放松和安静，它们还十分努力地过滤水分，减轻空气污染，并从大气中吸收很多的碳元素。除了具有这些作用，树木还为多种动物提供了长期的庇护所，如昆虫、蜘蛛、两栖动物、爬行动物、鸟类，以及哺乳动物。作为生命的一大类形式，树木已经在地球上繁衍了**3.7亿年**。就单株的树木而言，它们的寿命也是比较长的，有些树已经活了几千年。地球上其他任何生物都无法像树木这样长寿！

“高”端奇闻

地球有**45亿年**历史，其中前**90%**的历史中都没有树木。不过，那时曾经有巨大的真菌，它们可以长到令人诧异的**8米**高！试着想象一下这个场景吧。

最老的树已经9550岁了

世界上现存的最老的树在瑞典，它是一棵挪威云杉，名为“老提科”（Old Tjikko）。然而，它也是一棵无性繁殖的树，这意味着它在数千年的时间里不断长出新的树干、树枝和树根，因此不能算作纯粹意义上的“单棵的树”。已知最古老的单棵树生长在北美洲的落基山脉中，是一棵树龄为**5062岁**的大盆地狐尾松。

在现存的活树中，最古老的那棵比英国巨石阵和埃及大金字塔都要早数百年！它也是地球上健在的最老生物。

“火山环带”

也许你已经知道年轮可以显示树木的年龄，不过，树桩上的这些环带还有更多的含义。比如，它可以反映出过去的气候情况，甚至还能记录下哪一年曾有火山爆发。

“健谈”的树

树木之间也能“交流”：它们不仅能通过藏在地下的土壤真菌网络共享养分，还可以通过空气相互传播化学信号，用来对昆虫的侵袭发出警讯。

我们喝到的水，恐龙也喝过

我们在喝水时，不妨停下来品味一下这样一个事实：大约**6500万年**之前，恐龙也喝过同样的水。如今地球上的水，几乎一直以同样的形式存在于地球上——它已经被循环利用了不止**40亿年**！水的循环就这样一次次地在地球上重复进行，形成了一个从海洋到大气，再回到地球表面的水循环圈。人们相信，自从这个循环形成以来，地球上不仅没有再产生新的水分，同时还有极微量的水被蒸发到了太空里。所以我们所喝的水已经存在了很长时间，而且还会继续存在下去。

水来自外太空

地球上的水是**45亿年**前由众多的小行星和彗星带来的。

生命之水

每个人平均每年喝大约**1000升**水。不吃东西、只喝水的人可以存活一个月，但所有水都不喝的人最多只能活一个星期。

无处不在的水

地球表面大约有**71%**被水覆盖。假如把地球上所有的水收集在一起，并将其做成球形，那么这个“水球”的直径可达1384千米。

水资源有点咸

人类能饮用的水只占地球总水量的**1%**，因为地球上**97%**的水是咸的或者包含有害物质的，另外**2%**则被固定在冰川和极地冰盖里。

地球上有个地方，离陆地特别远，远到反而离国际空间站更近

在浩瀚的南太平洋上，有一个地方可谓真正意义上的“偏僻之处”，它就是“尼莫点”，即海洋中离陆地最远的地方——确切地说，距它最近的陆地也在**2688千米**之外。当然，这跟我们度假时候喜欢的那种“偏僻”完全不是一个意思——尼莫点没有土地，只有海水，很多很多的海水！国际空间站每天绕地球运行**15圈**，有时它会从尼莫点附近的空中经过，飞行高度平均为**400千米**。这就是说，在这个时刻，尼莫点离国际空间站倒比离任何陆地都要近！

太空垃圾收纳场

极度偏远的位置，使尼莫点成了废弃航天器的理想归宿，它为减少太空垃圾作出了贡献。苏联（以及后来的俄罗斯）有数以百计的宇宙飞船在退役后都选择坠入这个水域，日本和欧洲的一些飞船也选择沉入尼莫点附近的海底。因此，这个偏僻的地点还有个绰号——“航天器公墓”。

遗世独立

尼莫点位于南纬48度52.6分，西经123度23.6分——这是南太平洋上一个孤独得令人难以置信的地方：它北边最近的陆地是迪西岛，那是一个没有居民的小环礁；它东北方最近的陆地是复活节群岛南侧3个小岛中最大的莫图努伊岛；而它南面最近的陆地是冰封雪砌的马厄岛，是南极洲的一部分。以上3个点之间除了大海，别无他物。

这片海面有多大

以尼莫点为圆心，以离它最近的陆地为界限，可以划出一片面积达到**22 405 411平方千米**的茫茫海水。

怪音

在尼莫点还可以听到著名的“怪音”（The Bloop），这是个响度非常大、频率特别低的声声，也是人类记录到的最洪亮的水下噪声。它的声源是南极洲大陆冰盖的压裂过程。

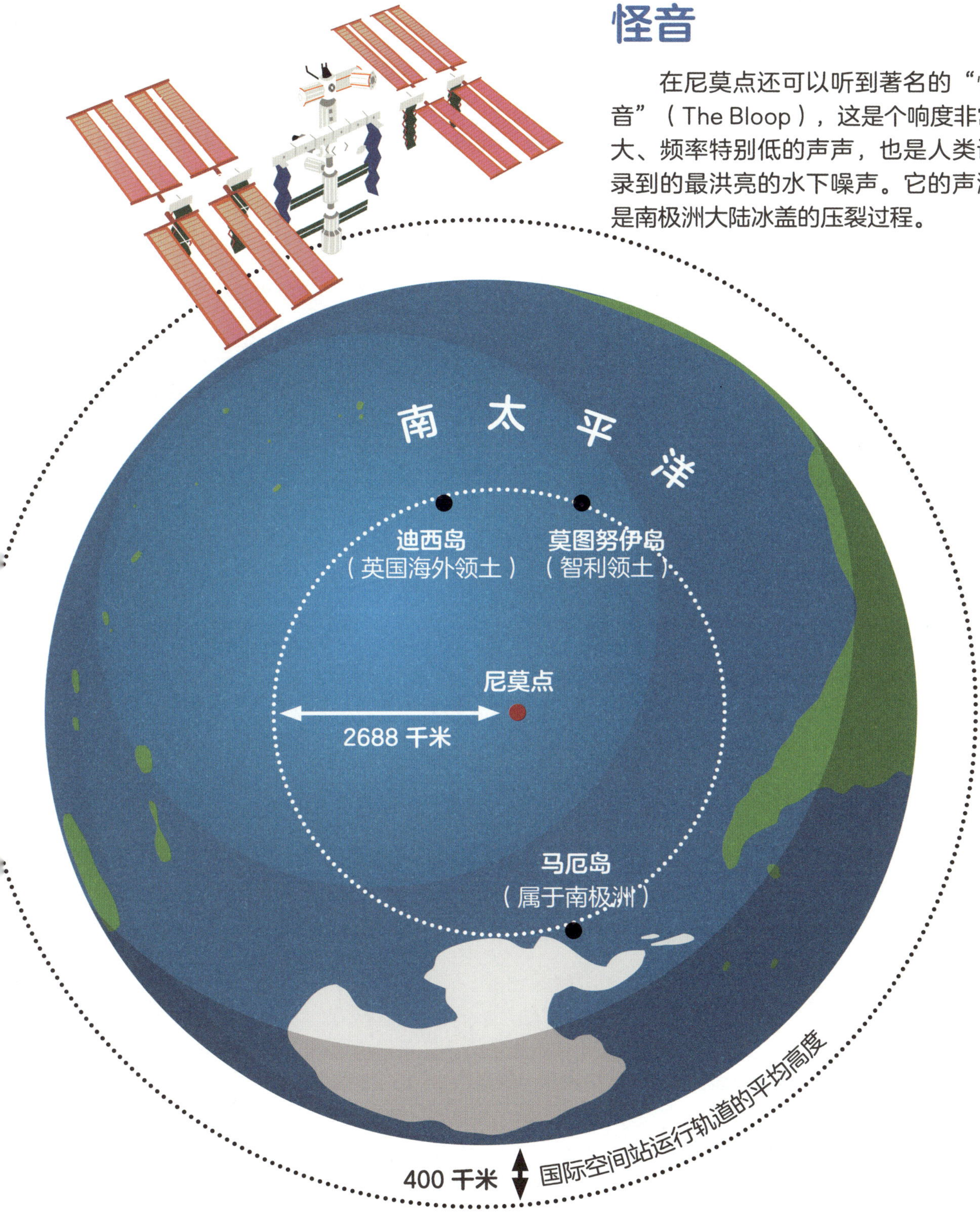

蓬松的云朵，居然重达50万千克

地球小挑战

在一个具有蓝天白云的日子，可以试试看你能否数出天上有多少朵云，并且估计出你头顶上方那朵蓬松的云含有多重的水。

想象一下，在风和日丽的一天，我们躺下来，欣赏着那遍布蔚蓝天空的蓬松云朵，它们一会儿像一支冰淇淋，一会儿又像一张脸或某种动物。这些点缀了晴空的白色水汽团，会给人很松软、很轻巧的感觉，实际上它们却非常沉！它们叫作积云，一朵积云的平均质量是**50万千克**！

云彩除了积云，还有卷云（外观薄而纤细）、层云（像空中的灰色巨毯）、雨云（在雷雨中看到的那种乌云）。

云朵形状的改变

积云的形状千变万化、奇趣无穷，这离不开它周围空气的作用。比如，气温不断变化，云层也会不断受到影响；而刮风时，云层会被气流推拉，也能产生各种奇妙的形状。

房间里的大象

如果更加形象地描述一下积云的质量，可以说：**50万千克**相当于**100头**大象的质量！

飘在空中

云是由水组成的，而水要比空气重，那么云为什么还能飘起来呢？诚然，大多数的云朵含有巨量的水，但这些水在云朵中其实仅以非常小的水滴或冰晶的形式存在，而且分散在十分宽阔的空间里。这样的水滴或冰晶足以被空气的浮力托住，重力几乎无法把它们拉下来。

没有桥的亚马孙河

世界上最长的河流是南美洲的亚马孙河。它流经圭亚那、厄瓜多尔、委内瑞拉、玻利维亚、巴西、哥伦比亚和秘鲁，全长超过**6440千米**！这条河被史诗般壮阔的丛林包围着，沿途有很多美到令人凝神屏息的瀑布，还是世界上最大规模的河豚栖息地。但是，它缺少其他河流的一个常见元素，那就是桥梁——这条河全程没有一座桥！如果想从亚马孙河的岸边去往对岸，只能依靠轮渡，或者搭乘其他的船。

雨水之变

在雨季，这条河的河面上涨幅度可达10米，在它的某些分叉处，流域可以漫溢至190千米宽。它的两岸也在不断受到河水侵蚀，这对于任何一位想给它架桥的工程师来说，难度系数都非常大。

见面就吃

千万不要打算在亚马孙河玩什么炫酷的跳水！这条河里生活着食人鱼——这种鱼非常爱吃肉，而且擅长成群结队地攻击猎物。其他任何动物只要落入河中，就可能被它们吃到尸骨无存！

通往无人区之路

亚马孙河没有桥的另一个原因是：它不需要桥。它流经的地方除很少的几座大城市之外，大多是浓密的雨林，很不适合人类定居。而对去往雨林中参观亚马孙河的游客来说，这条河本身又已经是很好的“高速路”了。

超级大蛇

在亚马孙地区，需要小心躲避的肉食动物并不只有食人鱼，毕竟世界上最重的蛇——亚马孙森蚺也以这里为家。这种蛇能长到近10米长，身围约90～115厘米，体重可达120千克。

会破门入室的球形闪电

在地球上林林总总的自然现象中，如果要评出最神秘的那一类，那么球形闪电一定榜上有名。这种小型的、会发光的怪异“电球”长着许多电光“卷须”，经常出现在雷暴天气的前后。它有时会在闪电发生的前后几秒内出现，但通常跟闪电没有关系。一旦出现，它就能以人类步行的速度在空中移动，维持大约10秒，然后消失。如果你觉得这还不够精彩，可以看看关于它通过窗户进入建筑物内部的报道——这些窗户可能是开着的，也可能是关着的。有时它甚至会在房间里面生成，想象一下你家客厅里突然冒出来这么个家伙……

灼热的问题

我们对室内的球状闪电还有很多疑问：它会在什么条件下出现？它是怎样移动的？为什么它能逆风移动？还有，为什么它似乎并不破坏室内的环境？目前，这些问题仍没有答案。不过，有一种理论认为，这些奇怪的球体其实不是闪电，而是某种被困在稀薄的空气球体中的光。

上天入海

比起在家里看到球状闪电，更可怕的是在飞机或潜艇上看见它。在人类目击这种现象的场合中，有不少场合让人毛骨悚然，甚至有人看到它沿着飞机客舱中央的过道移动，并且穿过了一名空乘人员！

引人注目

这种飘在空中的发光球体，亮度可以堪比100瓦的灯泡，个头有时甚至可以像沙滩玩具球那么大！

地球

45.43亿年前
地球形成。

45.1亿年前
月球形成。

37亿年前
出现如今能找到的最古老的生命现象证据——细菌和某些单细胞有机体。

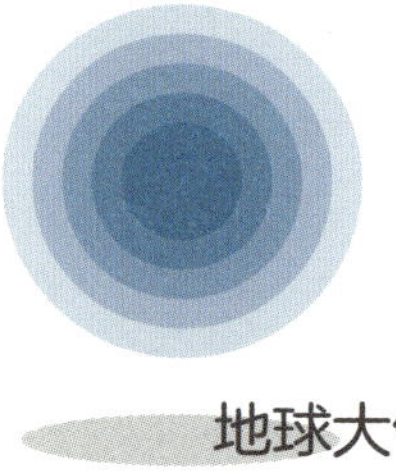

24.5亿年前
地球大气中的氧气丰富起来。

人类存在的历史，还不到地球历史的1%

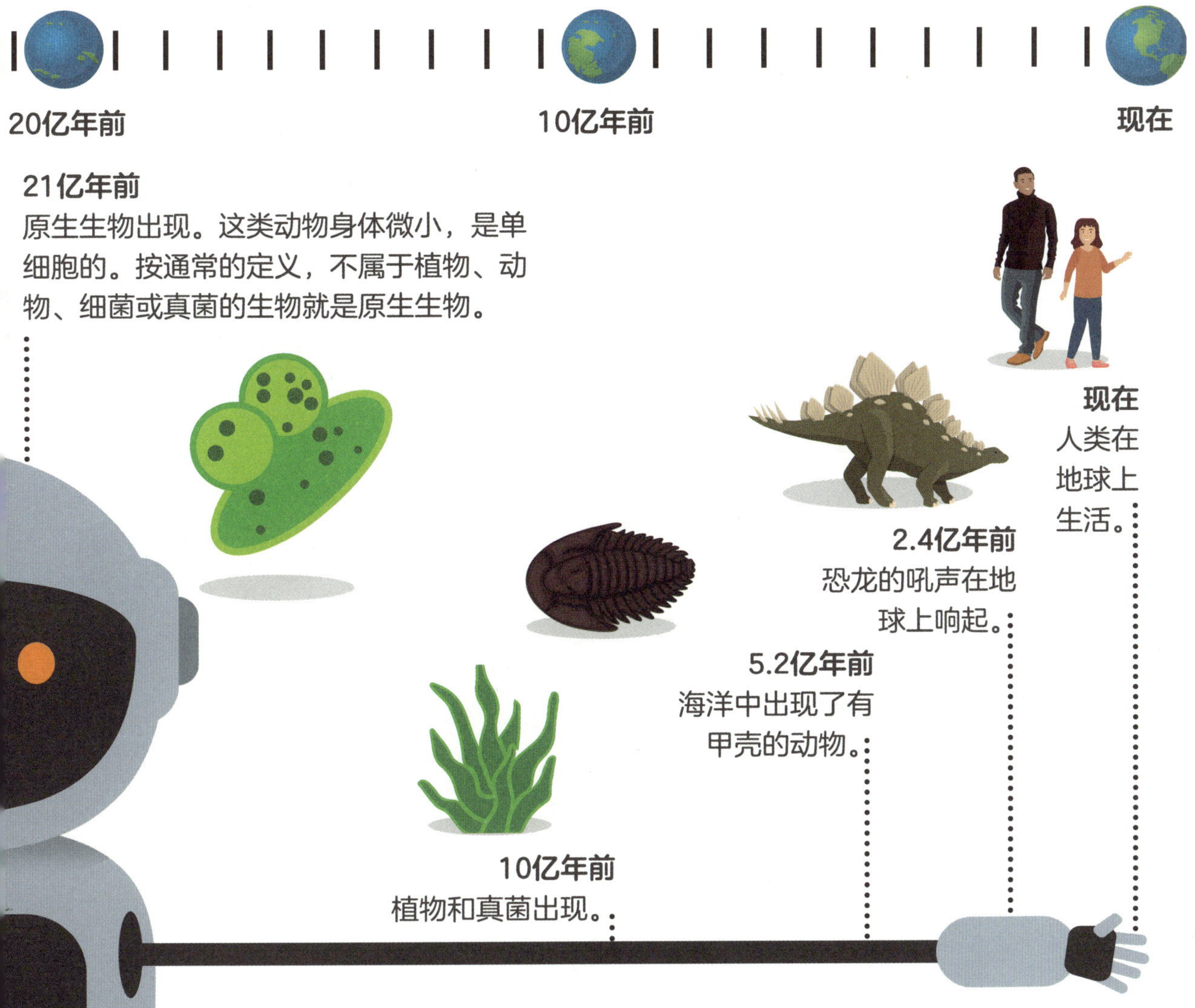
20亿年前
10亿年前
现在
21亿年前
原生生物出现。这类动物身体微小，是单细胞的。按通常的定义，不属于植物、动物、细菌或真菌的生物就是原生生物。
10亿年前
植物和真菌出现。
5.2亿年前
海洋中出现了有甲壳的动物。
2.4亿年前
恐龙的吼声在地球上响起。
现在
人类在地球上生活。

请将双臂侧平举，然后假想从你的左手指尖到右手指尖代表着地球的全部历史。这样，地球上发生过的一切事件，包括地球自身的形成，都可以对应到这段距离中的某个位置上。这条“时间线”既包括第一个原始单细胞生命的出现，也包括恐龙的诞生，还包括人类最终的诞生！这一切事情都分布在**45.43亿年**的时间里。而如果你拿出指甲刀，把最长的手指上的指甲剪短，那你等于已经抹去了人类的全部历史！

地球上存在过的生命，99.9%已经灭绝

生命离不开地球。如今，我们不仅能在全球范围内看到丰富多样的生命，而且还可以看到许多古生物学家研究的植物和动物的遗骸，由此源源不断地发现生活在往昔的“新物种”。比如恐龙的发掘，这件事很难，但古生物学家一直在努力！这种职业也会长久存在下去，因为与目前仍然存活的物种数量相比，曾经在地球上生活、进化，然后灭绝掉的物种实在是太多了。

挖出历史

古生物学研究指出，大部分物种从出现到灭绝的时间跨度在**100万~1100万年**。现代人类到目前为止已经在地球上生活了**20万年**。

一次次灭绝

令人忧虑的是，地球上发生过5次大规模的生物灭绝事件。似乎并不是每个物种都能存续到其自然衰落的那一天——有的物种是意外退出历史舞台的。

第一次大灭绝发生在**4.44亿年**前，那时地球整体进入冰冻期，导致当时**85%**的物种灭绝。

第二次大灭绝发生在**3.75亿年**前。当时地球水体中的氧气含量严重下降，导致**75%**的物种因窒息而消失。科学家猜测这可能是藻类大量繁殖造成的。

第三次大灭绝是各次大灭绝中损失最惨重的，发生在大约**2.5亿年**前。随着气温飙升、海水酸化并停止流动，地球上多达**96%**的物种都消失了。

第四次大灭绝发生在**2亿年**前，并且相当神秘。当时地球上大约**80%**的物种消失，但原因我们至今仍不清楚。

最近的一次大灭绝发生在仅**6500万年**之前，也就是导致恐龙灭绝的那一次。这次大灭绝的原因目前已经十分确定，科学家指出当时有一颗巨大的陨石撞击了地球，导致**76%**的物种灭绝。

其实，此时此刻，第六次大灭绝可能正在发生。科学家们认为，当今时代，每天都有**150~200种**的植物、昆虫、鸟类和哺乳动物从地球上消逝。自恐龙灭绝以来，这种灭绝速度已经是地球历史上最迅猛的了！

生物消除术

当今的人类活动，对物种的灭绝有着直接的影响。自1970年以来，我们已经目睹了**60%**的动物消失。各国的环境专家都警告说，野生动物的灭绝是一种紧急状况，它威胁到了地球的未来。

如果把地球比作一个苹果，那么人类的任何钻探工程都尚未咬穿这个苹果的皮

人类在地球表面向下钻探的活动，根本谈不上“深”。假如我们把地球按比例缩小到一个苹果那么大，那么地壳的厚度就会像苹果皮一样。而我们不要说在这个“苹果”上“咬一口”了，我们甚至还没“咬”穿过这个苹果的皮！

穿透地球

假如真有一个很深的洞，它经过地心，连通了地球两端，而我们从其中一端掉下去，那么**42分钟**之后就可以到达另一端。如果忽略空气阻力，这趟路上的速度最高可以升至**28 440千米/时**。当然，还要忽略地心的热量，因为我们其实会被它熔化！

42分钟差不多相当于半场足球比赛或者一集电视剧的时间。对穿过地球的人来说，这段时间可能会显得略长，让人稍感无聊。

震撼内心

乍看上去，地球像个巨大的岩石球。但其实，这颗行星是由多层的球壳叠加而成的，其中某些层的球壳甚至一直在流动！

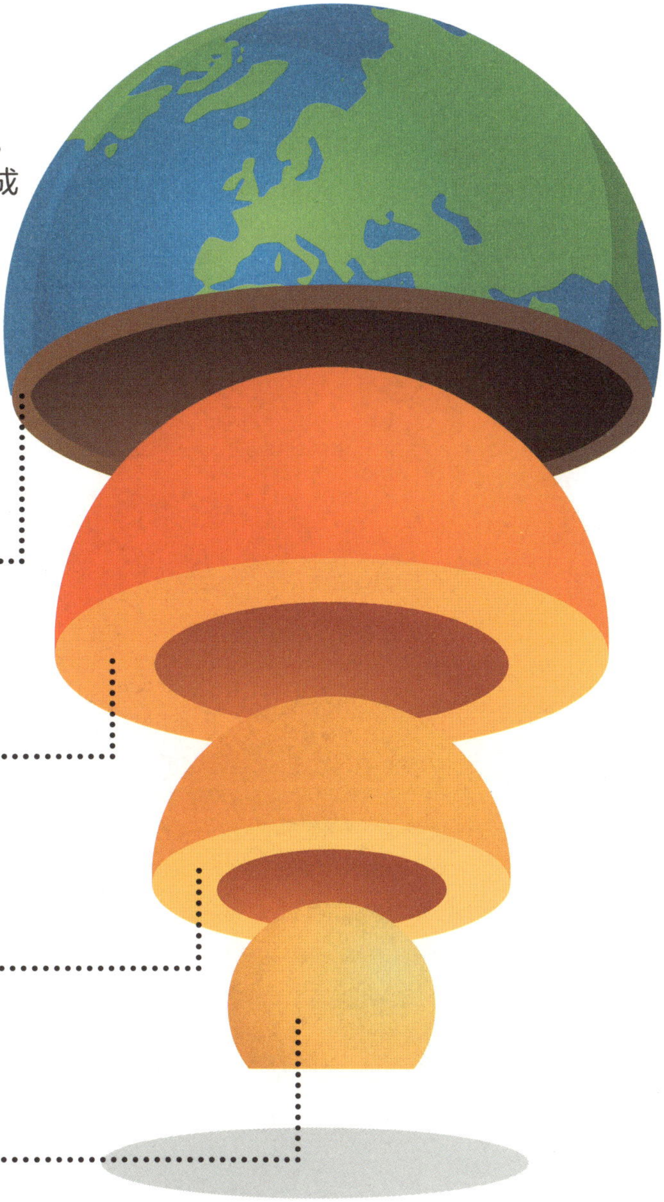

地壳

包裹在地球表面的这一层叫地壳，它也是地球的各个分层中最薄的，而它的体积也还不到地球总体积的1%。地壳厚度不均，在大洋底部可薄至约5千米，而在陆地地区可厚至约70千米。陆地地区的地壳又叫“大陆地壳”。

地幔

地幔的体积占到整个地球体积的84%。这个层次的物质主要是固体的，但具体性状又像黏性的流体，它的厚度约2900千米。

外地核

这是地球结构中唯一的纯液态层，厚度约2300千米。它的体积约占地球的15%，是地球磁场的制造者。磁场对地球起到的保护作用不可小觑。

内地核

地球的内地核厚度在1200～1530千米，它的体积也不到地球总体积的1%！

超深钻孔

苏联的一个科学团队曾经尝试尽可能深地往地下钻孔。在持续努力了将近20年之后，他们的钻孔深度也只有地下12千米——与地球的直径相比，这个深度大约只占0.1%。

马里亚纳海沟的深度，超过了珠穆朗玛峰的高度

垂钓鱼（鮟鱇）2000米

在地球的表面，最为深陷之处是马里亚纳海沟的底部，它位于西太平洋，已知的最大深度为海平面下**11 034米**。

假如把珠穆朗玛峰放进这处海沟，不仅放得下，而且峰顶离海面还会有**2000多米**。据统计，到目前为止，登顶过珠穆朗玛峰的人已经有**4000多个**，但亲身探访过马里亚纳海沟底部的人只有**8个**！这**8人**中最出名的是海洋学家唐·沃尔什和雅克·皮卡德，他们是在1960年乘坐球形潜水器到达那里的。

2012年，加拿大的电影导演詹姆斯·卡梅隆也造访了这个地球表面的最深之地。另外，退役的航天员凯西·苏利文也曾下潜到了该处。

凯西·苏利文的这次下潜为她实现了一个传奇般的成就：因为在此**之前25年**，她已经成为美国第一位完成太空行走的女性！

伸手不见五指

光线在大洋中可以传到**1000米**深处。但是，只要深度超过**200米**，光照就会大为减弱。随着不断下潜，光线会越来越少，直至人眼无法察觉。

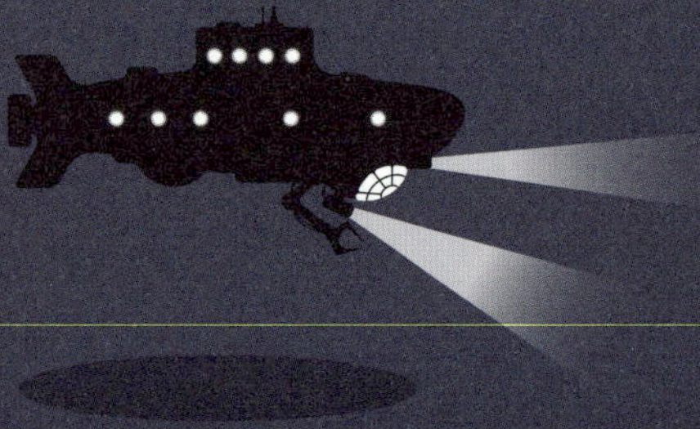

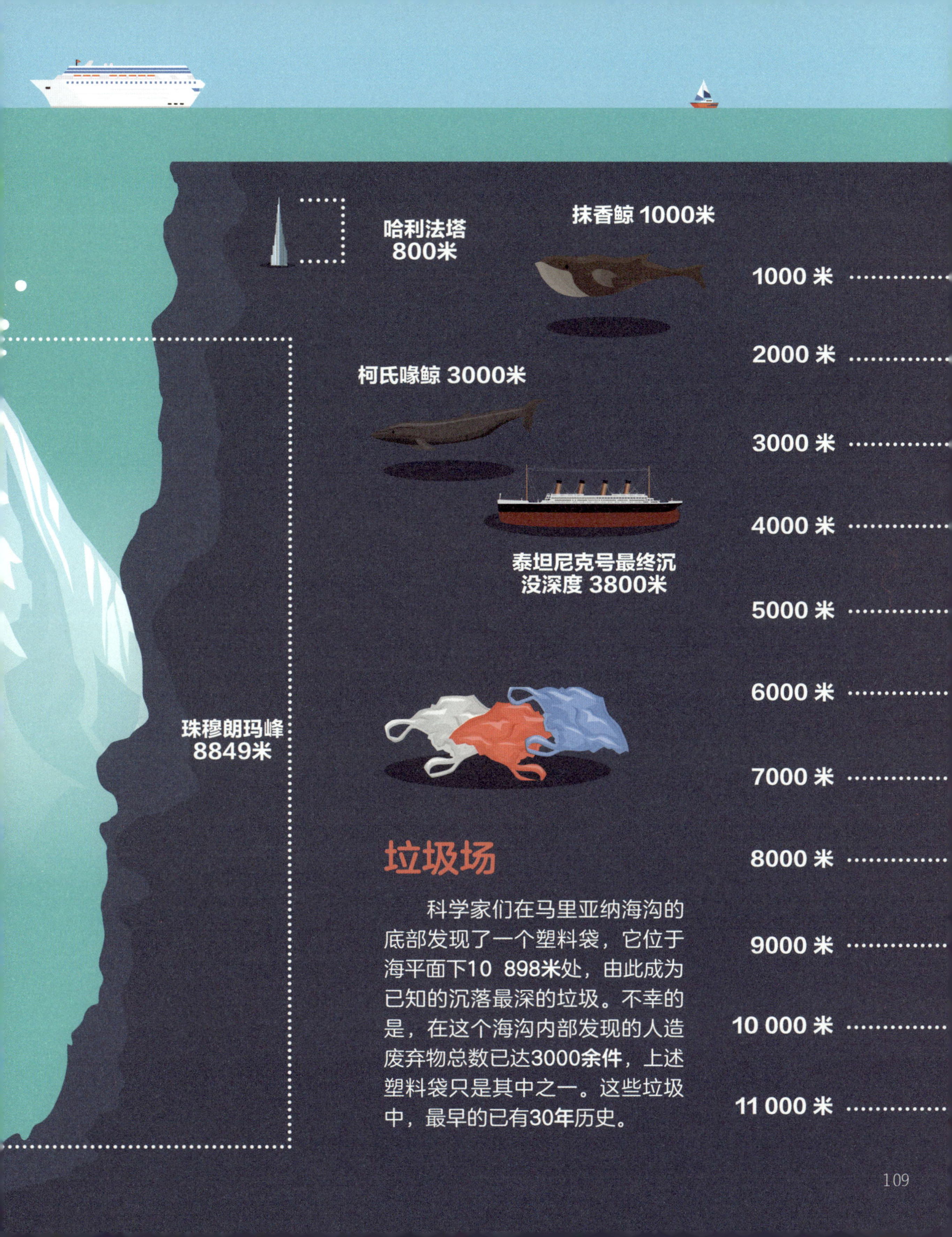

垃圾场

科学家们在马里亚纳海沟的底部发现了一个塑料袋，它位于海平面下10 898米处，由此成为已知的沉落最深的垃圾。不幸的是，在这个海沟内部发现的人造废弃物总数已达3000余件，上述塑料袋只是其中之一。这些垃圾中，最早的已有30年历史。

地球曾经冻成“雪球”

我们都感受过寒冷的季节，那种天气让我们不得不用厚实的大衣、羊毛帽子、围巾把自己裹起来，甚至还得戴上手套。现在，请想象一下，如果天气变得比我们遇到过的最冷的时候还冷，然后持续**1.2亿年**会怎么样？这其实正是地球上**7.5亿年**之前发生过的事！当时，地球从一个被温暖水域覆盖的、生机勃勃的热带天堂，变成了一个几乎找不到生命气息的“雪球”，冷风呼啸着吹过整个星球，到处都是凛冽、贫瘠和冰雪苍茫的景象。

长毛野兽

最近的一次冰河期距今只有**260万年**，它导致了猛犸象的兴盛，以及冰川的大规模扩张。

寒冷如冰

科学家认为，地球在**45亿年**的历史上，至少遇到过**5次**大规模的冰期。

1. 休伦大冰期是地球历史上最为漫长的冰期之一，它从距今**24亿年**前一直持续到**21亿年**前。
2. 前寒武纪大冰期（成冰纪大冰期）从**8.5亿年**前持续到**6.35亿年**前，这次冰期的温度特别低，冰川已经一路生长到了赤道地区！
3. 安第斯-撒哈拉大冰期从**4.6亿年**前持续到**4.3亿年**前。
4. 卡鲁大冰期从**3.6亿年**前持续到**2.6亿年**前，历时约**1亿年**。
5. 第四纪大冰期是距今最近的一次大规模冰期，它始于**250万年**之前……至今仍然持续！我们其实只是生活在这个冰期中的一个“间冰期”而已。

零下20摄氏度

赤道地区通常被看作地球上最温暖的区域，然而，这个数字代表的是**7.5亿年**前赤道地区的平均温度。当今，只有南极洲的平均温度才是这个水平。

处于“间冰期”，意味着我们可以暂时享有相对温暖的全球环境。这个阶段大概只能持续几千年，最终我们不得不重回冰期（到那时，冰川又将遍布地球）。

地球上最大的生物，居然是一株真菌

这里是美国俄勒冈州的马尔赫尔国家森林，来此漫步的游客大都沉醉在风光中，完全没有意识到他们脚下有着世界顶级的生物奇观之一：它是一株真菌，而且还属于寄生的真菌——奥氏蜜环菌。它的占地面积超过**9.6平方千米**，依靠入侵其他生物来获取营养。它由此不断长大，让自己成了世界上已知的最大生物！

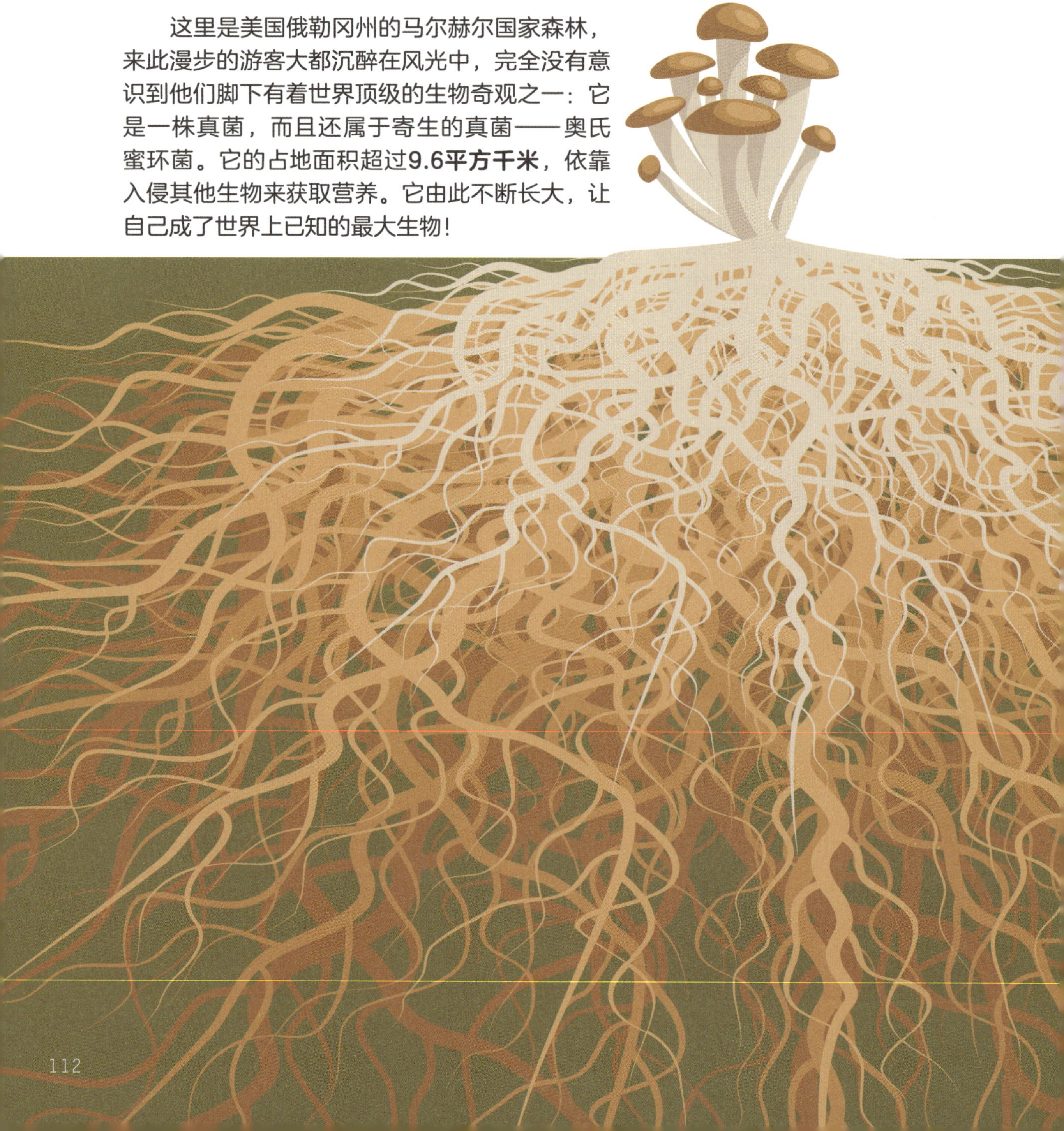

地底大网

从地底大网中长出的这些蘑菇位于地面上方。而支撑这些“外在花朵”的，是一个藏在地下的、更加庞大的纤维网，就像埋在地里的一个用线编成的大垫子。这个纤维网负责从附近的植被中夺取养分。

吃光就跑

这种寄生真菌的生长过程长达数千年，伴随着这个过程，不论树木还是灌木，只要处在它的生长路径上，就会被它感染，从而死亡，然后咬噬、吞没。但这个过程对森林生态系统很重要，因为真菌吃完一个地方就会转移，它留下的空闲地带可以被其他物种重新占据。此外，这个过程也有利于养分的循环：如果一棵树死了，它占用的物质就会回到土壤中，最终被此处生长的其他树木利用。

这株真菌已经2400岁了

要想象这株**9.6平方千米**的巨型真菌到底有多大，可以先想象一个标准足球场，它相当大，对吧？现在请想象把**1344块**标准足球场拼接在一起，这就相当于这株“大真菌”的大小！

地球上“不存在”

只有**50人**的“国家”？你可能觉得这是天方夜谭，但西兰（Sealand，意为“海上之地”）的居民不会同意你的看法。这个微型“国家”其实是第二次世界大战时期在海上建造的一个防空平台，它位于英国萨福克海岸之外仅**13千米**的地方。

这个平台的位置正好位于英国控制的海域之外，所以归属模糊。1967年，罗伊·贝茨利用这一特点，跟他的家人一起“接管”了该平台，随即厚着脸皮宣布此地为“独立公国”，还成立所谓“西兰政府”，建立了一个微型“国家”。世界上最小的国家就这样诞生了吗？并不会！因为西兰没有得到其他任何国家的承认——各国甚至觉得，它哪怕连“不受认可的国家”都称不上！

存在一个的“国家”

麻雀虽小，五脏俱全

“西兰公国”仿照正式的国家架构，凡是能设置的都设置了。比如，他们有自己的“议会”“国旗”“钞票”“邮票”“国歌”“护照”，甚至还组建了一支“国家足球队”！

罗伊·贝茨册封自己为“西兰亲王”，但其实他和他的家人后来都回到英格兰继续生活了。尽管如此，他依然像个王族人士一样宣称自己管理着“西兰公国”；他的全家也都学着欧洲王室的样子，祖孙三代每个人都拥有属于“西兰王室”的头衔。目前担任“西兰亲王”的是罗伊的儿子迈克尔。

抵御“侵略”

1978年，英国的一队武装人员突袭了这个海上平台，并且逮捕了迈克尔。罗伊不得不奋起保卫“国家”。他们找出了这次袭击的“幕后黑手”，并且成功绑架了此人……的律师，由此夺回了他的“国家”，迈克尔也被释放。

正如你有生命，地球可能也有生命

想象一下：地球和地球上的所有生命，实际上并不是相互分开的，而是一个统一的“生命体”，而且正在与构成所有非生物的元素一起完美、和谐地协同工作。请再想象一下：人类和其他所有的生物不只是地球上的居民，同时也是地球本身！

关于这样一种“超级生物”的设想，就是“盖亚假说”。虽然听起来略显牵强，但光是想象这样一颗自身也有生命的星球，一颗与鸟类、蜜蜂和世间所有人一样有生命的星球，就绝对够让人着迷了。

地球小挑战

请在家里种下一些种子，定期给它们浇水，并提供适量的阳光，观察它们是如何发芽并茁壮成长的。

怪异状况

“盖亚假说”可以解释地球上某些奇怪的现象，比如为什么大海的含盐度不会继续升高，又如二氧化碳为什么没有在大气中占据更高的比例。

大脑在此

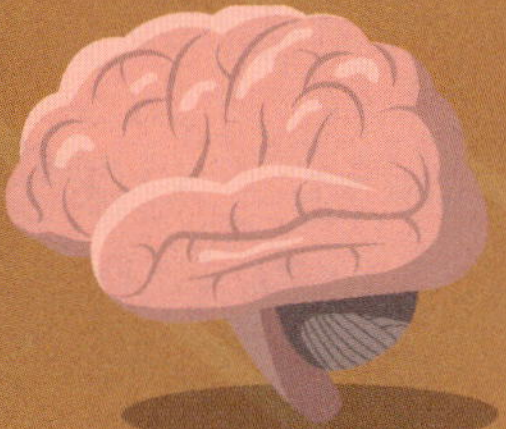

如果“盖亚假说”是真的，那么人类很适合作为“地球生命”的大脑。我们的存在，可以让这个“超级生物”意识到自己是有生命的！

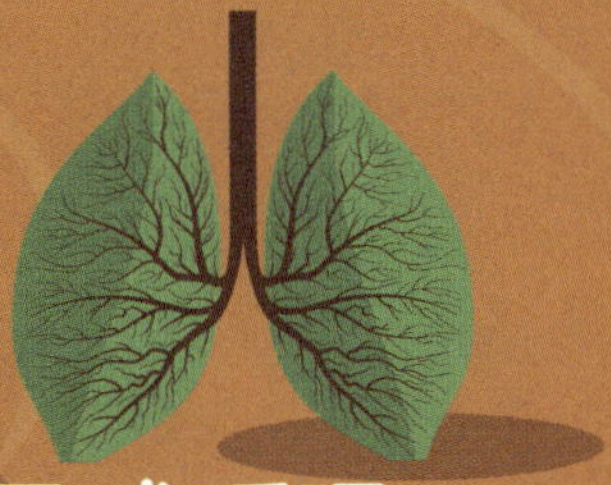

星球呼吸

地球正在呼吸、流汗，并发生变化！很明显，有数以百万计的生物正在不知疲倦地消耗或者补充这颗行星上的空气、水和岩石。这样一说，我们立刻可以感到地球上的一切都在共同成长、共同演变。

物种之外

如果“盖亚假说”可信，那么地球上所有的植物、动物的进化，实际上都是为了调节生物圈的化学成分而已。至于空气、水和土壤，它们才是地球这个巨大的中心有机体的主要组成部分。

从太空俯瞰地球，可以改变你的认知

迄今为止，已经有数百人进入过太空。这些人在回忆自己第一次进入太空并完整地看到地球的景象时，有许多都将那种俯视“家园星球”的感觉描述为一种认知上的巨变：它是压倒性的，也很神秘。这种体验被人称为“概览效应”。这些太空旅行者真切地看到：地球是单一的整体，拥有一个用以维持生命存在的大气层，它由居住在这颗星球上的每个人所共享。地球，是我们在宇宙中的集体家园。

1968年，人类第一次拍到以月球为前景、地球飘浮在远处纯黑色的太空中的照片。这张俗称为“地球升起”的照片被赋予了标志性的意义，它是由“阿波罗8号”飞船的航天员在绕月飞行时拍摄的。它通常也被视为有史以来最富影响力的环保主题摄影。

如履薄冰

航天员一旦从太空俯视过地球，以全新的视角观赏这颗令人惊叹的美丽行星，通常就会将它描述为一个活生生的、会呼吸的有机体。航天员们还说，地球看起来极为脆弱：人类与奇寒的宇宙真空之间，可见的分隔物只有那薄薄的大气层——是它在保护着我们。

太空视线

航天员是幸运的，他们拥有“宇宙视角”：他们能直观地看出地球是颗行星，而太阳是颗耀眼的白色恒星。而生活在地面的我们，看到的太阳是黄色的，挂在蓝色的天空中。

科

学
NCE
Greatest Human Ever
Norman Borlaug

香蕉具有放射性……

每当我们吃掉一根美味的香蕉，就会受到一次辐射！但请不要现在就把嚼到一半的香蕉吐到下水道里。虽然香蕉中的一小部分钾是有放射性的，但一根香蕉的辐射量非常小。这根香蕉的辐射量比我们在地球上受到的背景辐射还要小。

浆果很好

香蕉属于浆果，但树莓不属于！

吃一根香蕉

为了测量辐射对人体的伤害程度，科学家们使用了一种叫作微西弗的单位。吃一根香蕉相当于受到了**0.1微西弗**的辐射。

0.1微西弗

机场安检扫描的辐射量是**0.25微西弗**，相当于吃两根半香蕉受到的辐射量。

……而且还会走路

一次牙科的X光照射是**5微西弗**，相当于吃掉了**50根香蕉**。

香蕉不仅有放射性，而且还可以走路！这些树可以移动多达**40厘米**。不过不用担心，这是由于它们的种植方式所造成的，而不是因为它们天生会移动。

香蕉是用两根嫩枝栽培的。其中一根枝条会立即被使用，而另一根则被留在原地生长。大约**7个月**后就可以长出香蕉了。随着这些枝条的生长，它们会沿着地面移动，这意味着经过很长一段时间，整个植物会自动回到原来的位置！

辐射的致死剂量是**1000万微西弗**，这意味着你必须吃**1亿**根香蕉，才会因其中的辐射剂量而致死——而在这之前你可能会先被撑死！

每秒有650亿个中微子穿过了你的指甲

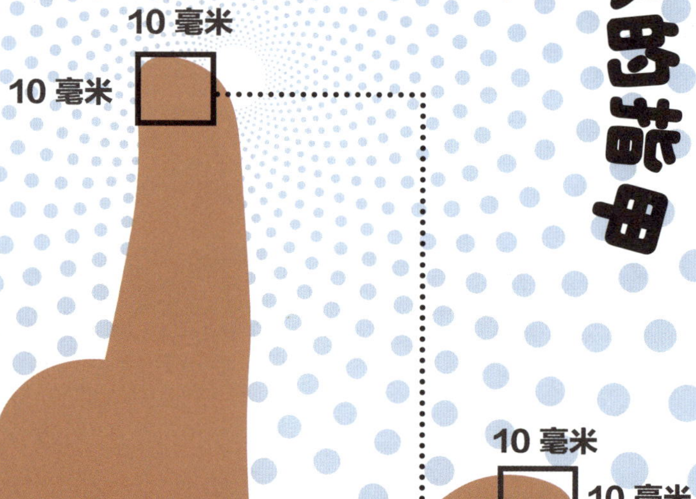

此时此刻有数十万亿个亚原子粒子正在穿过你的身体。你身体上的每个平方厘米每秒都有650亿个中微子穿过!

尽管这些粒子是宇宙中最丰富的物质之一，但它们很难被探测到。这是因为中微子与其他物质几乎没有相互作用。它们确实是一群非常滑的小粒子!

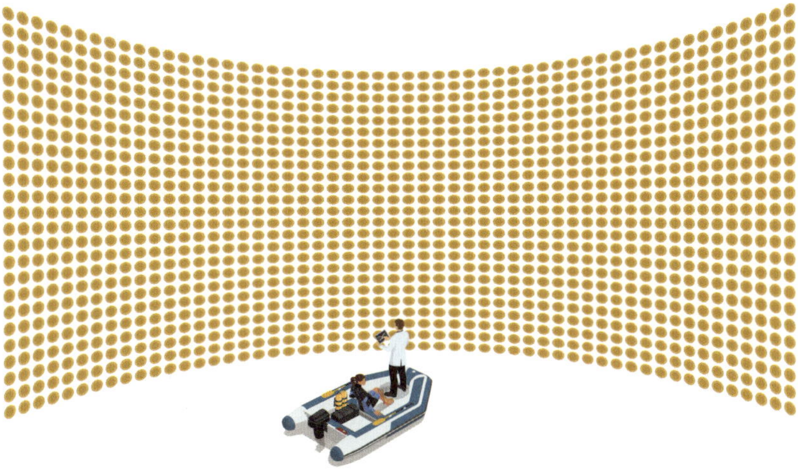

精准捕捉

中微子很难被探测到，但也并非不可能。日本的伊基诺山地下**1000米**处有一个超级神冈中微子探测器，它内含**5万升**超纯净水和**1.3万个**传感器，用于精确捕捉中微子存在的任何迹象。

速度极快

中微子几乎没有质量，但这并不会使它们的速度变慢。实际上中微子的速度非常快。它们以接近光速的速度穿越太空，穿透整颗行星！

一线希望

中微子通常被称为“幽灵粒子”。这是因为它们几乎没有质量，与其他物体的相互作用极少发生。

自然之力

自然界中可以产生中微子的现象有很多，例如，太阳发生的核聚变、地球上粒子的衰变、宇宙中的超新星爆炸。此外，人类制造的粒子加速器和核电站也产生了中微子！

特殊情况下，热水比冷水结冰快

你可能会认为，目前人类已经熟练掌握了制冰技术。事实上，我们还有许多要学习的东西！我们通常会认为热水比冷水需要更长的时间冷却，因此也就需要更长的时间结冰。实际上，恰恰相反，在一定的条件下，热水比冷水凝固得更快！

百里挑一

这种热水快速凝固的奇怪现象被称为姆潘巴现象，这种现象以埃拉斯托·姆潘巴的名字命名。1963年，埃拉斯托在完成学校项目中的制作冰淇淋的任务时，他注意到自己煮热的奶油与糖的混合物的结冰速度明显快于其他同学们的先让混合物冷却再凝固的速度。

五个解释

虽然热水比冷水结冰更快的原因至今仍然是一个谜，但有一些理论可以解释为什么会出现这种现象。

一个热的烧杯会融化掉形成在它周围的霜，使这杯水失去隔热层。而如果在烧杯周围形成一层霜，会帮助杯子里的水保留热量，从而减缓结冰这一过程。

冷水相比于热水会含有更多的溶解气体，这可能会影响冷却的速度。

当水不是在0摄氏度而是在某个更低的温度结冰时，会出现一种水温低于它结冰温度的过冷现象。热水出现过冷比冷水要少，因此结冰也会更快。

热水会通过蒸发失去更多的水分子，这意味着被冻成冰的水更少。

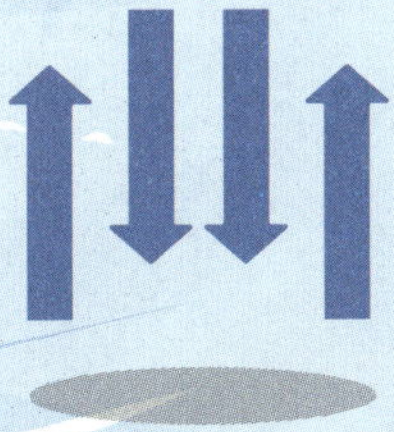

由于热水的热对流频繁，可能因此结冰更快。水温的下降主要从表面和侧面开始，这会导致冷水下沉，温水上升。而热水中会出现更多的热对流，这可能会加快水的冷却速度。

有些人坚持认为，姆潘巴现象是一个流言，一个重要的原因是它发生所需的条件很难重复。但有一件事是肯定的，经过这么长时间，水的一些现象仍能让我们感到惊讶！

你在高海拔地区烧过水吗？在山里烧水时。你有没有发现水沸腾得更快？这是因为海拔越高，气压越低！

三相一体

你知道吗？水可以同时是固体、液体和气体，这就是所谓的三相点。它发生在固体、液体和气体转变曲线交汇的地方，且温度和压力刚刚好。水的三相点温度刚刚高于冰点（0.01**摄氏度**），气压为0.006个大气压力。

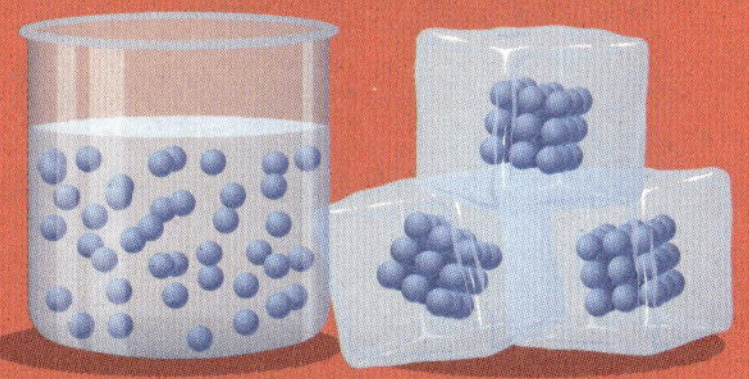

位于宇宙两端的两个粒子也可以瞬间相互影响

量子力学是一套科学理论。它描述了构成我们宇宙的原子、光子、电子及其他粒子令人难以置信的奇怪行为。这一理论本质上是物理学的一个分支，它关注那些非常小的物质，小到需要用特殊的显微镜和成像仪才能观察到它！

量子纠缠是量子力学所研究的一个现象。当激光束穿过晶体时会导致单个光子偏振成一对纠缠的光子。令人惊讶的是，这两个粒子会以某种方式保持着彼此间的联系。所以对其中一个粒子的任何动作——比如测量它——都会影响到另一个粒子。无论这两个粒子相距多远，这种现象都会发生，甚至它们在宇宙中是相距数光年时也是如此！

超光速

量子纠缠中受到影响后产生的变化传递速度似乎比光速还快——甚至可能是瞬间完成的！ 我们知道，光速是宇宙的极限速度，纠缠粒子的这种变化速度就本该是不可能的。因此这增加了这种现象的神秘性！

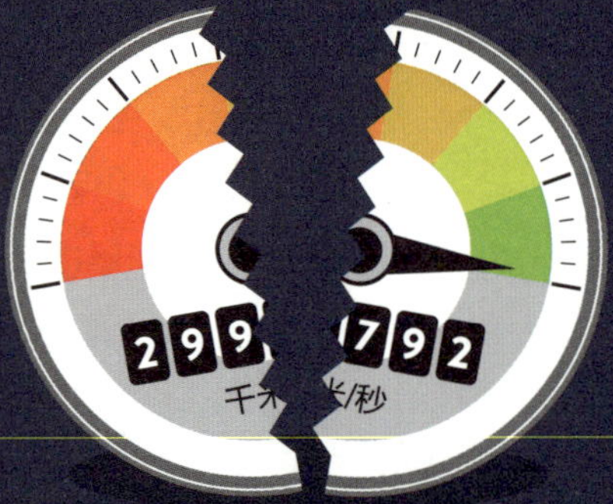

如果你觉得量子力学很难理解，不用担心，因为它确实难以理解！即使是科学家们也正在与之“斗争”。正如著名的物理学家理查德·费曼曾经说过的：“如果你认为自己理解量子力学，那么你根本不理解它。”

被云笼罩

经典力学描述的是如何以更准确的速度和位置表示物体移动（例如网球如何在空气中运动），而量子力学不同，它认为物体分布于一片概率云当中。这意味着物体会有概率地出现在一个地方，同时也会有其他的概率出现在其他地方。

奇异性

阿尔伯特·爱因斯坦不喜欢量子纠缠的奇异性，所以称其为“幽灵般的超距作用”。

原子弹的制造和引爆比彩电的出现早了9年

原子太小了，小到我们用肉眼是看不见的。但当其中一个原子被分裂成几部分时，它会引发一串爆炸式的连锁反应。这会产生致命而巨大的爆炸，会在不到一秒的时间内摧毁周围的一切。分裂原子的过程就是人类发明原子弹的过程。在彩色电视机出现之前，原子弹这种可怕的发明就已经出现了。

裂变时刻

1917年，欧内斯特·卢瑟福创造了历史，当时他在核反应中分裂了原子，这一过程现在被称为核裂变。1939年，美国制订了制造原子弹的计划。

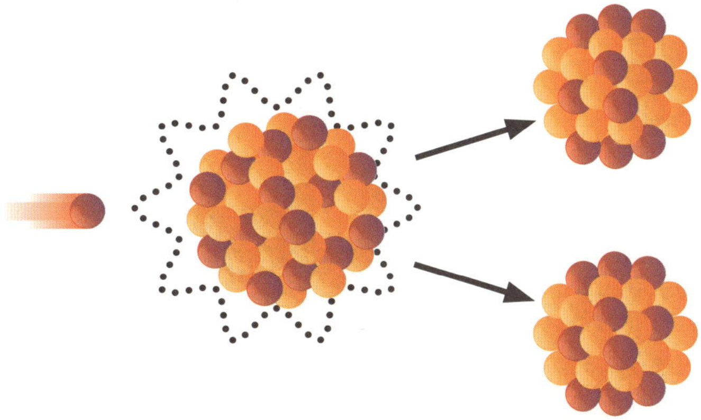

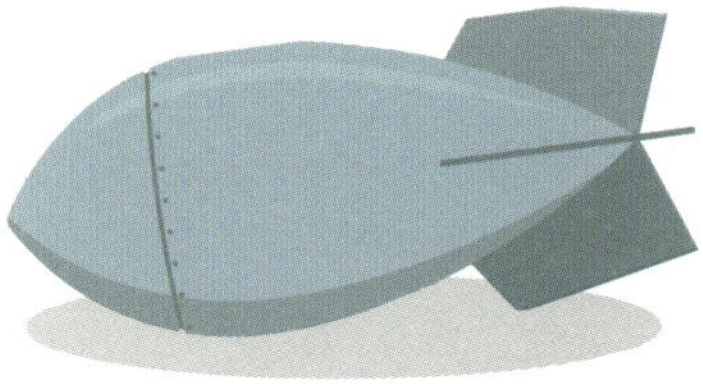

重磅炸弹

在原子弹计划开始实施后，阿尔伯特·爱因斯坦写信给美国总统富兰克林·罗斯福，为原子弹的研究提供背后的科学原理支持。因此，一个名为“曼哈顿计划”的核武器研究和开发小组成立。1943年，在理论与实践的结合下，原子弹制造完成。

点亮群山

1945年，原子弹在新墨西哥州的霍尔纳达-德尔穆埃托沙漠被引爆。巨大的蘑菇云伴随着灼热的光爆炸到了距地面**12千米**高的空中。其威力相当于**1800万千克**三硝基甲苯（TNT）炸药。爆炸瞬间照亮了周围的群山。

彩色时代

在军事科学取得了这些令人难以置信的飞跃之时，电视的研究却落在了后面。令人惊讶的是，9年后，彩色电视机才开始广泛销售。第一部彩色电视连续剧出现在1966年，由美国NBC播出这部美国情景喜剧《婚姻》宣告黑白电视的时代结束了。

时间接近

尽管我们不能以光速旅行，但阿尔伯特·爱因斯坦曾经设想过如果我们能做到的话会发生什么事情。根据他的狭义相对论，我们移动的速度越快，相对于周围环境的时间，我们的时间就过得越慢。这个理论的意思是，如果我们以光速旅行，时间就会停止。这是不能实现的。

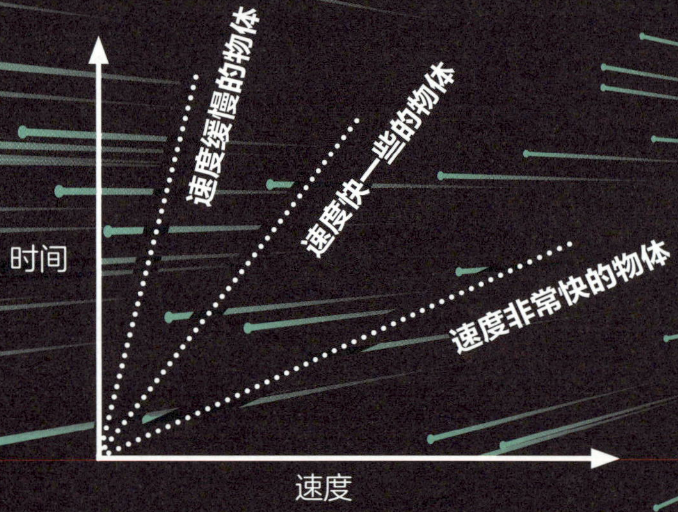

如上图所示，速度较慢的物体的时间流逝速度比速度较快的物体的时间流逝速度要快，因为速度较快的物体的时间过得慢多了。当一个物体达到光速时，它在时间轴上就会达到零，这意味着它的时间根本没有流逝。换句话说，当达到光速时，时间对旅行者来说就停止了！

光速时

趋近无限

当物体接近光速时，物体就会变重。如果我们以宇宙的极限速度运动，我们的质量会上升到无限大！以这样的质量运动，我们就需要无限的能量，这就是我们只有在想象中才能达到光速的原因。

光子是构成光的粒子，它的质量为零。光没有质量，这就是它能以如此惊人的速度移动的原因！

所有物体坠落的速度是相同的

如果从高楼的顶上同时扔下一个保龄球和一根羽毛，你认为哪个会先落地？我猜你们大概率会选择保龄球，因为羽毛听起来会轻轻地飘向地面，而保龄球则会用力地掉下去。是的，事情确实会如此发生。虽然物体会在不同的时间撞击地面，但实际上物体下落的速度却都是一样的，下落速度与这些物体的质量无关。当物体下落时，我们看到的不同速度是由空气阻力导致的。

从天而降

落下的羽毛很轻，空气对它的阻力要比对保龄球的阻力大得多。空气阻力是向上的阻力，它抵消了重力，减慢了羽毛下落的速度。

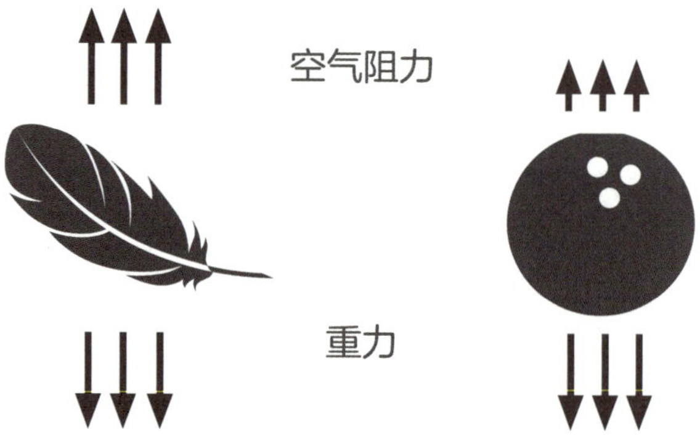

感受阻力

体验空气阻力的一种方法是将手张开并伸出行驶中的汽车窗外。不过要先征得父母的同意，并确保周围没有其他车辆！当我们将手伸出窗外时，我们会感觉到有空气不断吹压我们的手。如果汽车加速，那么空气阻力就会变大。而如果我们握紧拳头，我们会感到阻力也变小了。

科学小挑战

准备一个苹果和一根羽毛，之后从一个合适的高度把它们同时扔下去，记录它们下落的规律。在做实验之前一定要检查周围的环境，不要让它们砸中任何人！

真空实验

现在我们已经知道了空气阻力是导致羽毛缓慢下落的原因。因为科学家们在许多地方进行了保龄球和羽毛的同时下落实验。其中也包括一个将空气抽出后的真空玻璃室。利用这个不透气的房间来创造一个真空环境。实验中羽毛和保龄球会以完全相同的速度下落并最终同时落地。

月球表面

这一惊人的事实甚至在月球上也得到了验证。1971年，阿波罗15号指挥官大卫·斯科特同时扔下一个锤子和一根羽毛（羽毛的质量是锤子的1/44），最终它们同时落到地面。

自行车可以

自行车是非常神奇的，当你骑着两个轮子飞驰时，它会给你带来巨大的快乐！但你知道吗？你的自行车实际上可以自己行驶。如果你给一辆无人自行车提供很好的推力（让它以合适的速度行驶），它会自我掌握平衡并自动转向，以纠正它遇到的任何晃动。更令人着迷的是，科学家们至今也不明白为什么自行车在有或没有人的情况下都如此稳定。

科学小挑战

如果你有一个指尖陀螺，你可以让它旋转，看看陀螺是怎么在运动中保持平衡的。如果你找不到陀螺，那么下次你去超市的时候，可以关注一下购物手推车上的脚轮，观察它们是如何控制车轮的位置的。试着寻找几辆不同的手推车，观察车轮被锁住或损坏的手推车与正常手推车之前的运动差异。

自动行驶

左摇右摆

关于自行车为何能保持直立的一个解释是陀螺仪理论。自行车靠旋转轴保持直立和稳定。这和指尖陀螺的原理是一样的，指尖陀螺基本上就是一个袖珍陀螺仪。

脚轮

脚轮理论认为，自行车车轮就像购物手推车上的脚轮，它们会自动调整到前进的方向上。这是自行车能够保持直立的另一个潜在原因。

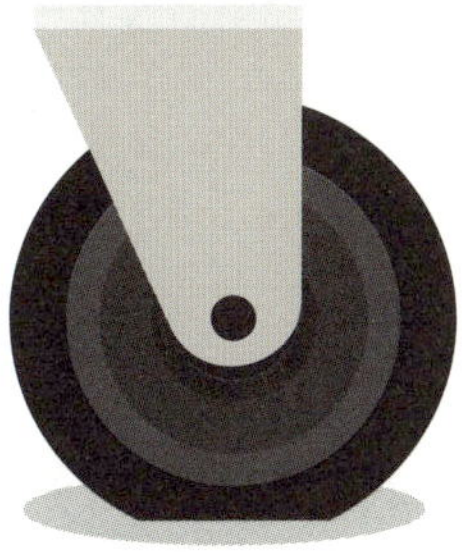

平稳行驶

虽然陀螺仪理论有助于解释无人自行车的稳定性，而脚轮理论使自行车更容易骑行，但这两种理论都不能解释无人自行车是如何实现平衡的。这就是不起眼的自行车至今仍然让人着迷的原因。

生活没有给我们柠檬，是我们自己创造的

当人们谈到天然的食物时，首先想到的通常是水果和蔬菜。它们直接来自地球，是营养和维生素的来源。然而，有些水果和蔬菜并不像你想象的那么天然。事实上，它们中的有些是通过人工选择育种技术杂交出的品种。你知道吗？最初的柠檬是雄性香橼和雌性酸橙杂交的产物，而酸橙本身又是柚子和柑橘杂交的产物。

与众不同

选择育种也被称为人工选择育种。它是一种用来培养我们想要的某些特征的杂交生物技术。科学家们选择两种各有优点的食物进行杂交，继而产生兼具这些优点的后代。选择性育种可以用来生产更美味的水果和蔬菜，以及对昆虫有更强耐受性的作物。

科学小挑战

如果你可以用人工选择育种来创造你自己的杂交水果或蔬菜，你会怎么做？画一幅你通过选择性培育新获得的食物图片，并列出它的特殊品质！

升级胡萝卜颜色

你知道吗？胡萝卜并不是一直都是橙色的。最初，天然的胡萝卜要么是白色的，要么是紫色的，且它们大多不能食用。从那时起，人们开始选择性地培育胡萝卜，以改善它们的味道和颜色。

你吃的蔬菜们

西兰花并不是杂交出的品种，而是数百年来选择性地培育野生卷心菜所产生的结果。随着时间的推移，西兰花已经变得更加美味！卷心菜、花椰菜、球芽甘蓝和羽衣甘蓝都是从和西兰花一样的野生卷心菜中衍生出来的蔬菜。

从技术上讲，所有的水果和蔬菜实际上都是杂交产生的。如果你回到足够久远的过去，所有的植物都是借助风媒和虫媒由不同的花粉和胚珠结合产生的。因此，人工选择育种只是增加了这种选择性杂交。

他拯救了十亿人的生命

你听说过植物科学家诺曼·博洛格吗？没听过？别担心，因为没多少人听说过他。但这位被称为绿色革命之父的诺贝尔和平奖获得者，应该成为全世界家喻户晓的人物！

因为，他的工作帮助多达**10亿**人免于饥饿。

小奇迹

博洛格博士在他的职业生涯中培育了新的小麦植株。这种新小麦更小、更不容易患病，但产量更高。新的育种技术也受到了墨西哥和亚洲农民的欢迎。新的小麦作物增加了粮食产量，并帮助避免了可能出现的大饥荒，使数百万人免于饥饿。博洛格博士和他的小麦植株实际上改变了人类历史的进程。

草根

小麦是一种因其种子可食用而被广泛种植的植物。它是世界上总产量第三的粮食作物！小麦为世界上一半以上的人口提供了约20%的蛋白质需求量。

伟大的

博洛格博士拯救了无数生命！他的名字应该被更多人知道！

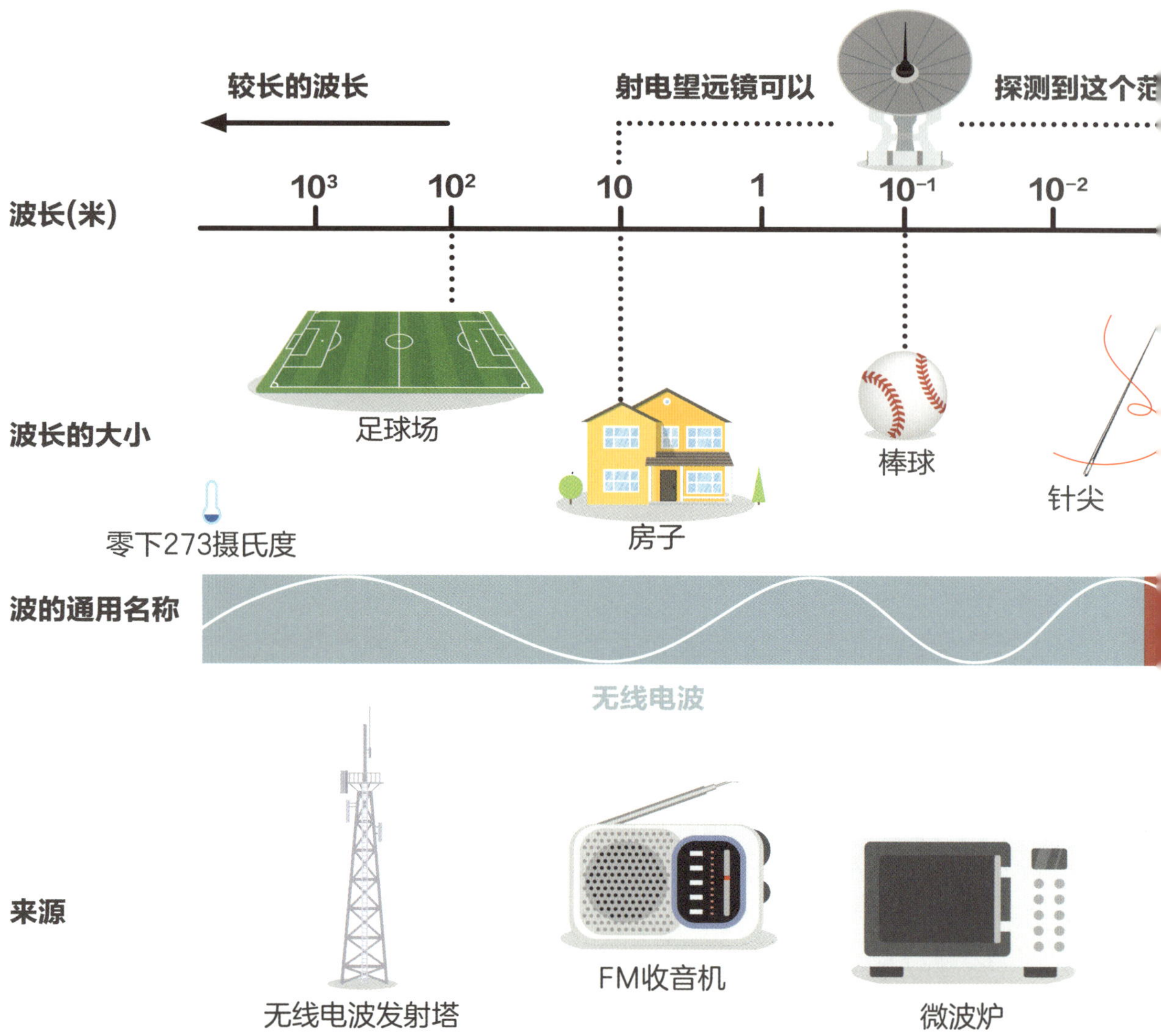

大多数类型的光我们用眼睛是看不见的

电磁波谱描述了所有不同种类的电磁波，并把它们按照波长、波数、能量大小进行排列，包括那些平时就能看见的光与肉眼看不到的光与电磁波！如果你见过彩虹，你就会知道构成我们所能看到的光的不同颜色，但这些只是电磁波谱中非常小的一部分。令人惊讶的是，宇宙中大部分的光都是由人眼看不到的东西构成的。这些其他类型的光包括无线电波、微波、红外线、紫外线、X射线和伽马射线。

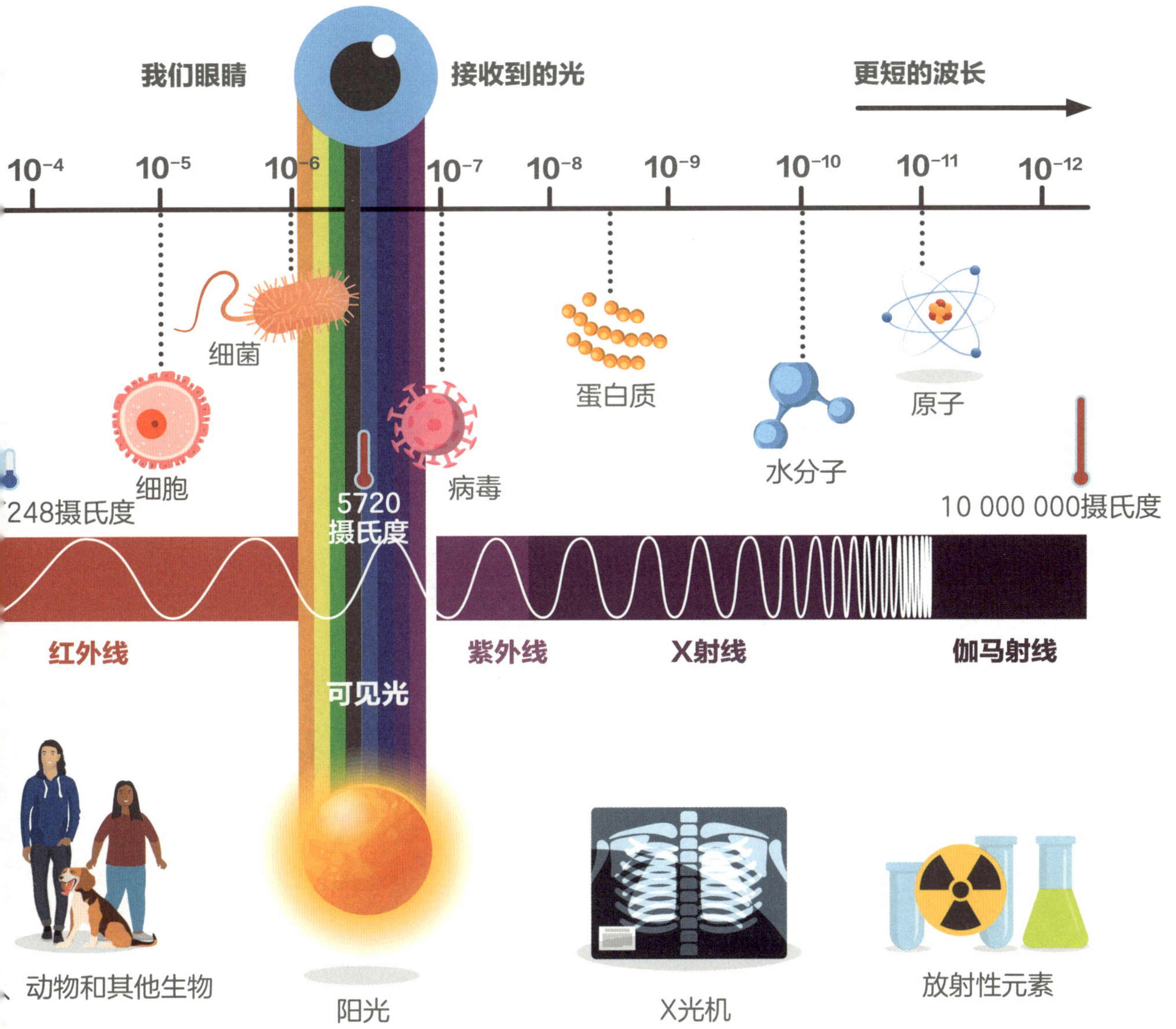

过滤掉

虽然我们是看不见紫外线的，但有些人报告说能够看到它。通常情况下，我们眼睛里的晶状体会过滤掉紫外线，但一些天生没有晶状体（也没有晶状体替代物）的人声称他们能够看到紫外线。对他们来说，世界看起来非常不同，到处都是白紫色的光。

重的物体会扭曲时空

传奇人物牛顿发现重力是一种吸引力，它把宇宙中的一切都聚集在了一起。引力的强度取决于一个物体与另一个物体的距离和大小。例如，太阳的引力比地球的引力大得多，但地球上的所有生物并不会被拉向太阳。我们之所以能待在原地是因为我们距离地球表面更近。

天才之举

牛顿告诉了我们什么是万有引力。但为了弄清楚万有引力是如何产生的，我们需要介绍另一位天才——阿尔伯特·爱因斯坦。事实证明，引力并不像牛顿设想的那样，而是一种比牛顿想象的更奇怪的力！爱因斯坦在广义相对论中提出了一种新方法来描述引力及其成因。

爱因斯坦的结论是，重力是质量对空间和时间扭曲的自然结果。在他的理论中，每个物体都会扭曲时空结构，物体越大，影响越大。这听起来可能令人困惑，但它意味着一个物体可以弯曲、扭曲、推动或拉动它周围的时空，而这种变化的程度取决于物质本身的质量。

时间隧道

如果我们把一个保龄球放在一张橡胶做的薄片上，它会让这片橡胶发生拉伸。这正是行星和恒星扭曲时空的方式。一个在同一橡胶片上滚动的弹珠会被吸引向保龄球。同样，围绕太阳运行的行星没有被吸向太阳，而是沿着由恒星的巨大引力形成的扭曲时空做圆周运动。这些行星之所以不会落入太阳，是因为它们有很大的侧向动量，这让它们虽然不断地朝太阳坠落，却能够与太阳擦肩而过。

我们可能生活在计算机模拟中

模拟理论认为，人类都是数字化的生物。我们生活在一个由未来信息技术发达后代创造的计算机模拟中。虽然这听起来有点像科幻电影中的疯狂情节，但许多科学家都十分重视这个理论。

令人震惊

我们生活在计算机模拟中的这一命题要想成立，必须满足两大需求。第一个需求是模拟能力的巨大飞跃。这要求我们在未来的某个时刻，能够在计算机中模拟人类意识，并让它与真正的人类意识难以区分。这种现象也被称为先祖模拟。

强大组织

第二个需求是，任何未来的文明需要拥有使我们今天所拥有的一切都相形见绌的巨大计算能力。然后他们才可以使用这种先进的处理能力来运行先祖模拟。

疑问重重

如果我们真的生活在计算机模拟中，仍然有一些巨大的问题没有得到解答。原始的非模拟世界是从何而来的？接下来的问题是，如果我们在自己的世界中建立了虚拟网络来进行自己的先祖模拟会发生什么？还是说这种情况已经发生了许多层模拟？

天花是人类消灭的唯一疾病

天花曾经是一种具有高度传染性且致命的疾病。在1980年以前，天花被认为是世界上最致命的疾病之一，每**10**名感染天花的患者中就有**3**人死亡。但多亏了联合国世界公共卫生组织的努力和全球免疫项目，我们成功消灭了它！

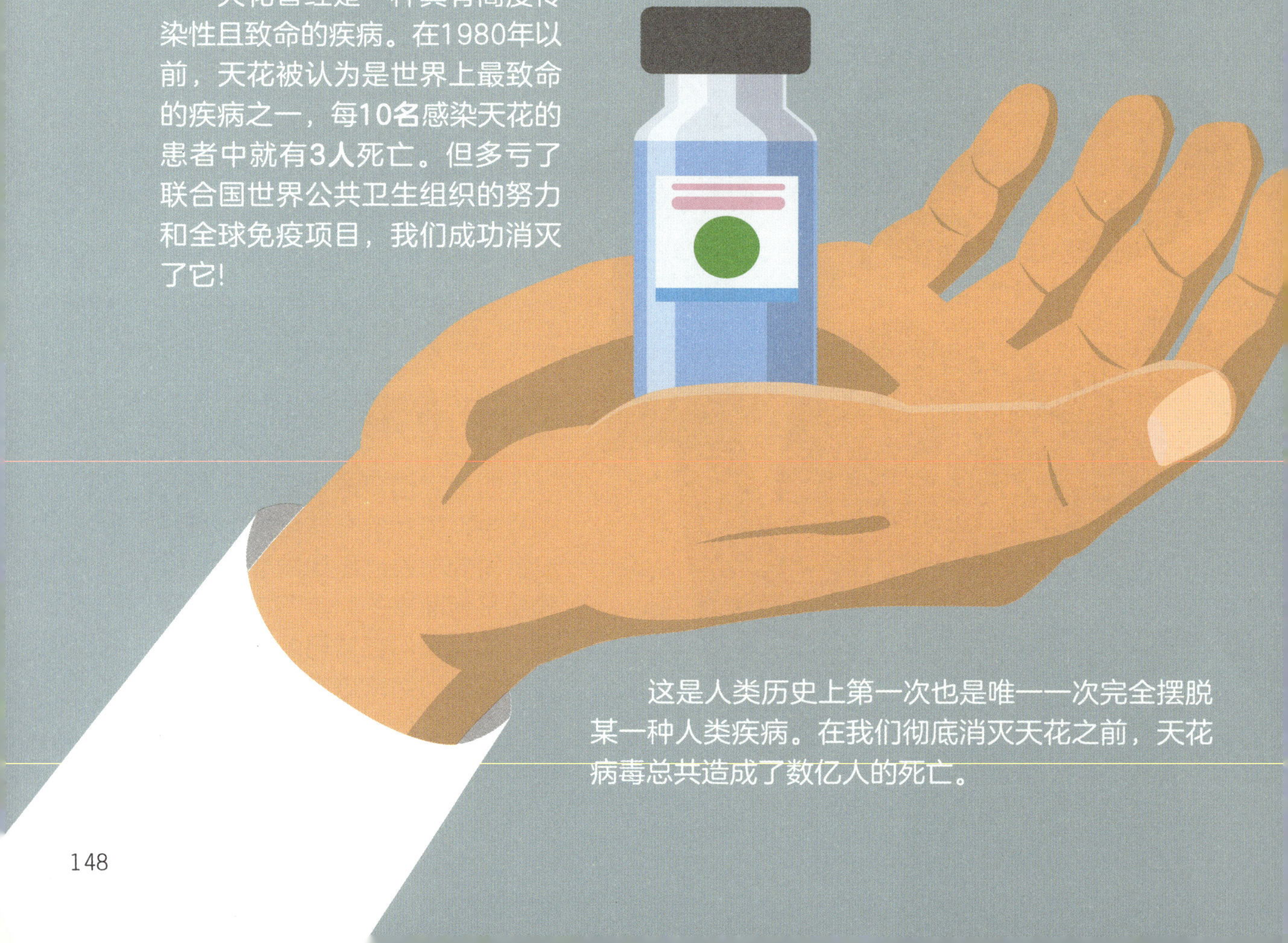

这是人类历史上第一次也是唯一一次完全摆脱某一种人类疾病。在我们彻底消灭天花之前，天花病毒总共造成了数亿人的死亡。

数亿人

这是20世纪全世界各地死于天花的估计人数。

特异性解决方案

天花疫苗的发现要感谢18世纪的英国科学家爱德华·詹纳。詹纳注意到，挤奶女工如果得过一种叫作“牛痘”的轻微疾病，那么她就似乎对天花免疫！于是他使用牛痘病毒作为疫苗来对抗天花病毒，最终一种类似于野生牛痘被称作“vaccinia”（中文释义还是牛痘）的病毒被制成了新的天花疫苗。这就是疫苗接种（vaccination）这个词的起源。

绝对保密

自从人类有历史记载以来，天花就一直存在。甚至有些埃及木乃伊的皮肤上都有天花留下的疤痕！

大规模杀伤性武器

尽管现在天花病已经消失了，但它仍有可能卷土重来。一些人甚至担心它会被用作生物武器。

你可以把光

激光是明亮的，并且是科学中最耀眼的东西之一！激光蕴含了巨大的能量，它用途广泛，能够传递到很远的距离。更不用说它们看起来就很酷了！你会惊讶地发现，尽管激光有这么大的功率，但实际上激光束很容易被困在水里。更重要的是，你在家里就可以做到。

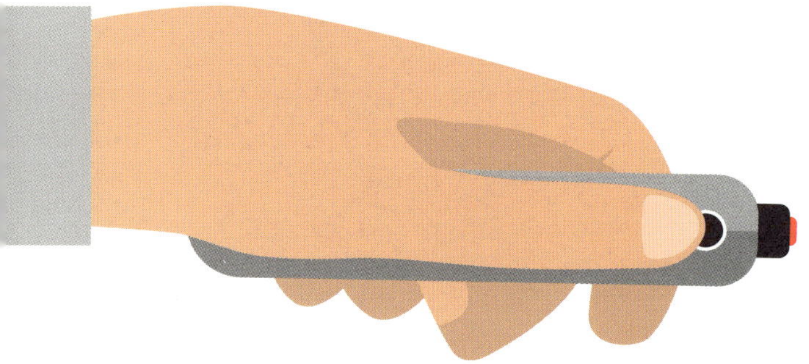

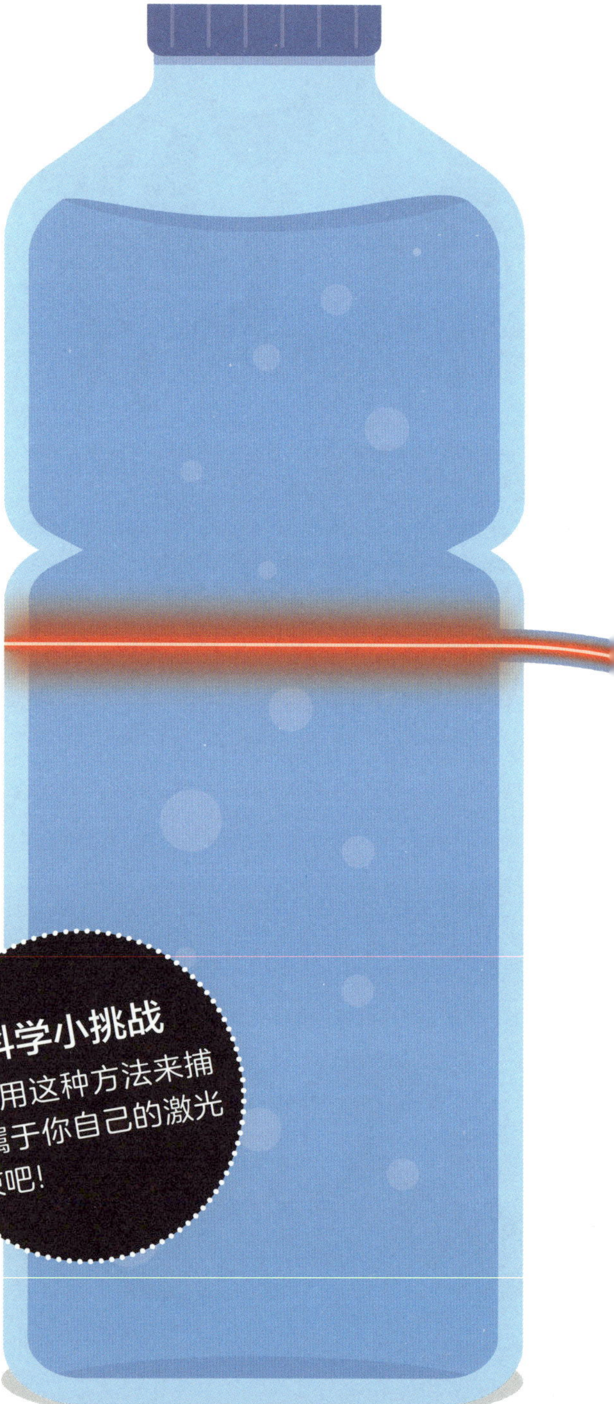

落入陷阱

为了捕捉激光，你需要一支激光笔和一个装满水的大塑料瓶。拿起瓶子，在侧面戳一个洞，让水流从洞里流出来。之后把激光笔对准瓶子，看着它被困在你创造的瀑布般的水流里，并且它会随着水流向下延伸！

科学小挑战

用这种方法来捕捉属于你自己的激光束吧！

困在水里

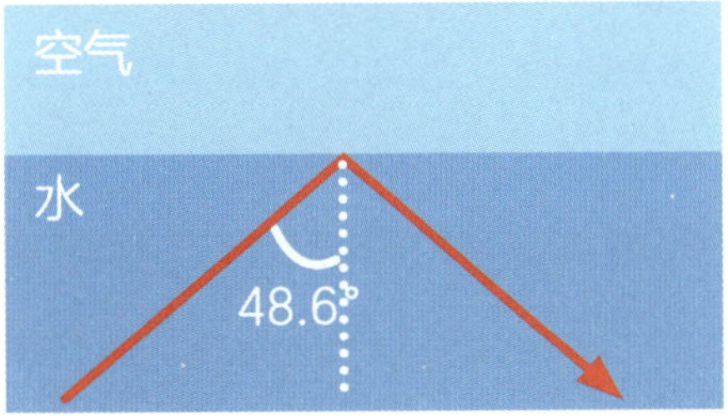

取决于反射

当激光束以一定的角度照射到水柱边缘时，它会在介质内反射而不是穿出水柱。当光线反复击中水柱边缘时，这种反射会反复发生，导致激光被困在瀑布状的水柱中。这种光学现象叫作全内反射（也称全反射）。

掌握角度

要想发生全内反射，光线必须是从密度较大的介质向密度较小的介质移动，到边界处发生。（上面例子是从水到空气）

光线到达边界的角度必须大于一个“临界角”（水和空气的临界角是**48.6°**）。一旦入射角度超过这个值，光线就会被反射回来。

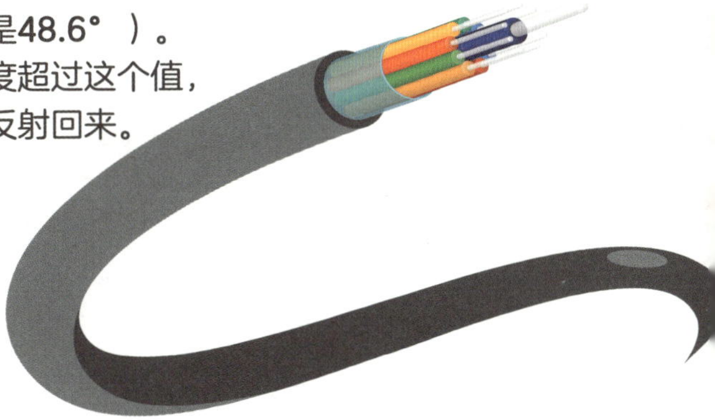

光导纤维

为你提供高速互联网的电缆也运用了全内反射的原理。光纤电缆是由玻璃或塑料制成的长纤维组成的，它们将光困在里面。

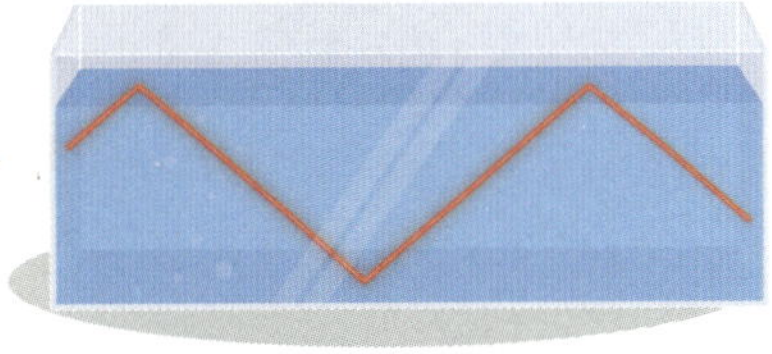

水箱猜想

你也可以在一个装满水的玻璃水箱中看到全内反射！用正确的角度发送光束，它会在到达水面时反弹回水箱，然后从底部射出来！

世界上只有9%的塑料被回收

我们被塑料所包围着。在过去的100年里，这种轻质、坚韧且防水的合成材料在人类生活中发挥了巨大的作用。但正是在这100年里，塑料从作为科学的奇迹被赞颂，变成了现在作为环境威胁而被憎恨。

塑料作为一种耐用的材料，它的优点变成了它最大的缺点。它可能会被丢弃在垃圾填埋场，或者被丢弃在街道上，或漂浮在海洋中而经历数千年不分解。虽然我们在回收塑料，但生产越来越多，过去的13年里，我们生产的塑料占生产总数的一半，而91%的塑料仍未被回收。

100万

全世界每分钟购买的塑料瓶数量。

450

塑料瓶分解所需要的年数。

去钓鱼

据估计，到**2050年**，海洋中塑料的质量将超过所有鱼类加在一起的质量。

83亿

自1950年以来，人类生产的塑料的千克数，其中83亿吨成为垃圾。

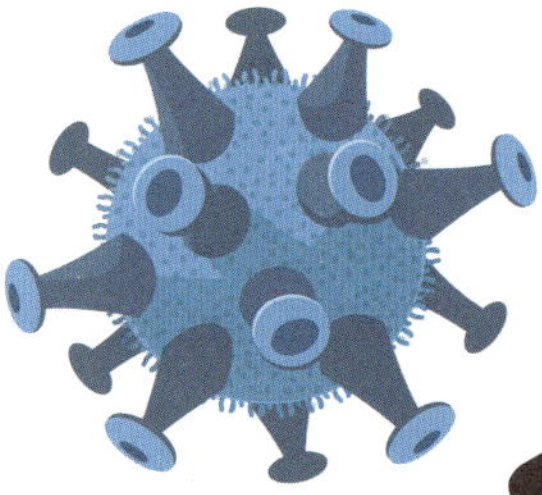

病毒可以感染病毒

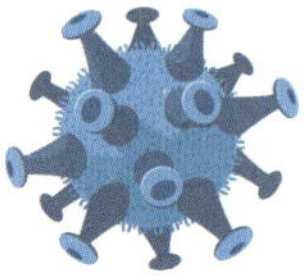

病毒是一种微小的寄生物，它需要宿主才能生存和繁衍。它们有能力感染所有类型的不同生物体。这些病毒可以攻击动物、植物、昆虫、真菌和细菌——甚至有些病毒还可以感染其他病毒！

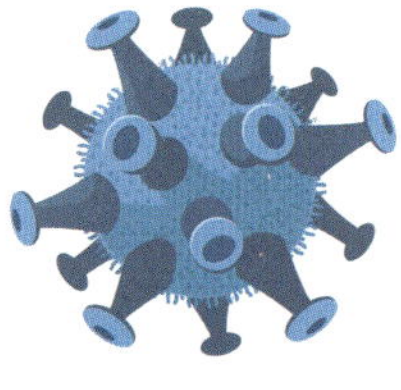

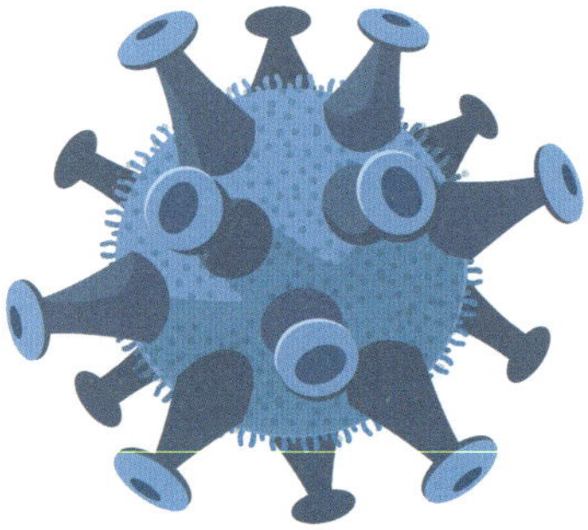

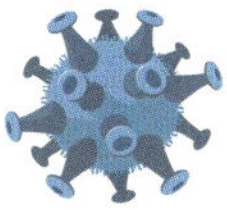

迅速蔓延

一种寄生于另一种较大病毒的微小病毒首次被发现。这种微小的病毒在较大病毒中繁殖时会造成麻烦。它会让本已感染细胞的大病毒生病！

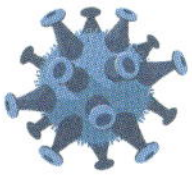

活蹦乱跳

因为病毒与其他形式的生命没有共同的特征，所以它们不被认为是有生命的。但是一种病毒可以感染另一种病毒的发现让科学家们开始质疑这一点。

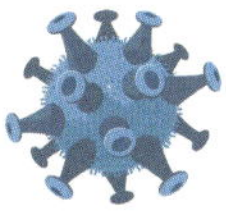

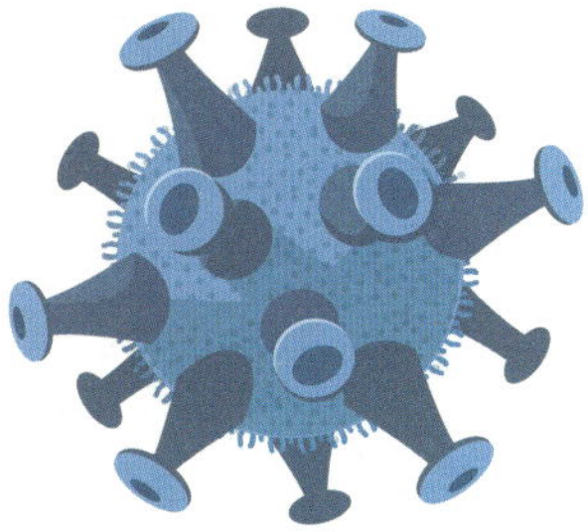

你可以用冰生火

科学小挑战

水火并不是一对融洽的伴侣。不过冰也可以用来生火，这个过程其实比你想象的要简单得多：你只需要一块透明的冰、充足的阳光和你的双手就能做到。

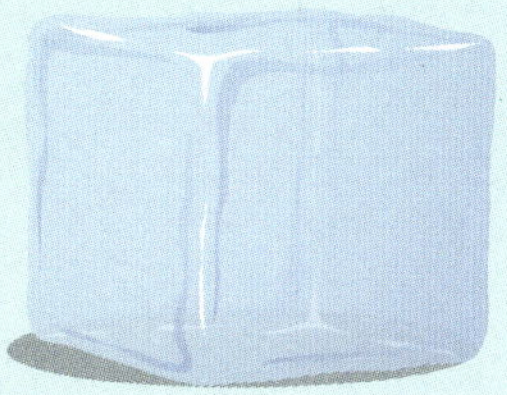

1 找一块最透明的冰。

2 用你的手，开始融化冰的表面。

3 一旦冰变薄，试着把它融化成边缘像放大镜的边缘一样薄一些的圆形凸透镜。

4 用你制成的冰把阳光集中在一些火绒或纸屑上，要特别小心，不要让任何的水滴在火绒或纸屑上。之后耐心等待，最终火绒会被点燃。你刚刚用冰生了火！

如果你决定用冰生火，一定要让一个成年人知道你在做什么，并让他们监督你。重要的是要在安全的地方生火，并确保你一直注意着你的火种，而不是任由它扩大。

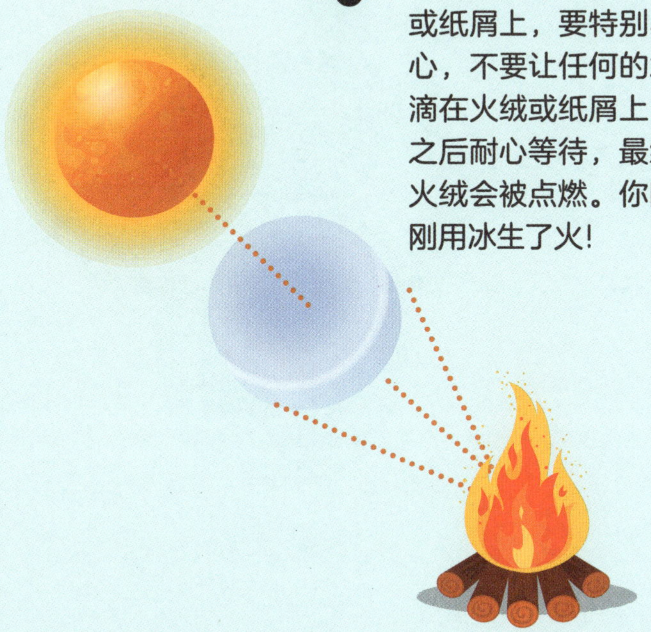

光没有影子

阴影是光线照射到不透明的物体时，在物体周围形成的黑暗区域。如果你往四周看看，你可以在周围看到很多影子！从桌子到玩具，从大树到白蚁，任何物体（无论是否有生命）都能够被光线投射出影子。但有一样东西没有阴影。它就是光！这是因为光不能阻挡光。如果你用一束光照射另一束光，那么你所做的就是增加了第一束光的强度，使它变得更亮而已。

科学小挑战

你可以用一个圆形的硬纸板和一支铅笔做一个属于你自己的日晷。首先，在你的硬纸板上画一个有12个均匀间隔数字的钟面。之后，把铅笔插入圆盘的中间，使它垂直于硬纸板。最后请你在一个阳光明媚的日子里，把日晷拿到外面。将它放在一个平坦的表面上，确保它面向正南。铅笔的影子就会落在时间上。

日晷

在古代，我们利用太阳照射所产生的阴影研制出了世界上最早的时钟，它被叫作日晷。我们不知道是谁发明了它，但它是世界上最古老的科学仪器之一。

大小

影子不仅被用作早期的计时设备，还首次被用于精确计算地球的大小。**2000多年**前，埃拉托色尼利用对阴影的测量和几何学的计算，首次完成了这项不可思议的任务！

动

物

猿猴已进入石器时代

对人类来说，石器时代是人类使用原始石器的前历史时期。石器时代持续了大约**250万年**，直到约**5000年**前人类才开始使用金属（青铜）制造工具和武器。而现在的白脸卷尾猴每天都会使用石器，并经常保存合适的石头工具以便重复使用，这是它们**3000多年**来一直在做的事情——这意味着这些身材娇小的白脸卷尾猴正处于属于它们的石器时代！

锤锤打打

人类使用石头制成的锤子与砧板的历史已经超过**300万年**，而现在的白脸卷尾猴经常使用相当于它们体重一半的大石头来砸开贝类、坚果和其他食物。

3500万年

人类与白脸卷尾猴的物种分化时间。

黑猩猩的小工具

能砸开坚果等食物的石锤、挖掘白蚁巢穴的铁锹状树枝，以及从蚁穴中“钓”出美味的稻草，这些都是黑猩猩经常使用的小工具。

建筑大师

红猩猩不但会使用树枝探查寻找树干中的蜂蜜，而且它们还是非常熟练的建筑师，它们能建造让人类建筑师都叹为观止的精美巢穴！

虾蛄出“拳”速度世界顶尖

虾蛄个头很小，通常它长约**10厘米**，但它的攻击速度最高可达**80千米/时**，比部分子弹还要快。

重拳出击

虾蛄这种超高速攻击竟然是在水中完成的，回想一下我们在水中挥动手臂时感受到的阻力吧，而虾蛄在这种阻力中能在**0.003秒**内打出一拳，世上鲜有生物能够抵挡它的攻击。

水中沸腾

虾蛄的力量和速度都来自它的“上臂”肌肉，这些肌肉像弹簧一样，使得虾蛄出拳时的加速度达到重力加速度的**10 000倍**！这些肌肉牵引着虾蛄的“拳头”在水中高速移动，使得小范围内压力骤降，这个范围内的水因压力过低而瞬间沸腾汽化，有时还会发出闪光或不小的声响。

海底拳王

虾蛄这种强壮的节肢动物除了能够利用它们的“重拳”捕食螃蟹、贝类和小鱼，还能捕食大鱼，甚至偶尔会捕食章鱼。这些海底小拳王相当出名，因为它们不但能够敲碎贝壳，还能打碎水族馆的玻璃，乃至损坏船只。

蜜蜂能看见我们看不见的东西

蜜蜂看世界的方式与人类不同，因为它们可以看到我们看不见的光——紫外线。如果人类能够像蜜蜂那样看世界，开花植物看起来就像“飞机着陆跑道”。这个比喻有点奇怪，但只要明白机场的着陆跑道可以引领飞机从空中安全降落到地面，而植物上的“着陆跑道”会引领蜜蜂落到满是花蜜的地方，花蜜正是蜜蜂的食物。

互利共生

蜜蜂和开花植物之间的关系是互利共生，无论是蜜蜂还是植物都可以从这种共生关系中受益。开花植物为蜜蜂提供花粉与花蜜，蜜蜂收集花粉与花蜜作为食物带回蜂巢；作为交换，蜜蜂采蜜的过程也会帮助植物繁衍，它们在花朵之间飞来飞去，沾到身上的花粉也借此传播，这一过程被称为授粉。

一生奔忙

平均而言，一只工蜂一生只能生产约0.5毫升蜂蜜。

蜂后的生活

蜂后一天可以产2000枚卵，蜂后以信息素来标记哪些卵应该受精，哪些卵不应该受精。受精卵会发育成雌蜂，也就是工蜂，而未受精的卵会成长为雄蜂。蜂后一般可以活5年，这可比工蜂的寿命长多了，多数工蜂只能活5~6周。

蜂蜜非常神奇。如果蜂蜜被密封在一个密闭的容器中，它会永远保存下去，不会发生太多变化。考古学家在埃及的古墓中发现了几千年前封存的蜂蜜，它被发现时依然没有变质。

蜜蜂的“歌声”与“舞步”

蜜蜂能够通过舞蹈与振翅声相互交流。当蜜蜂想要驱赶对方时，它们会一头撞过去。当侦察蜂找到新的蜜源时，它们会跳摇摆舞，告诉其他侦察蜂花蜜的位置。

20 000种

世界上存在约20 000种蜜蜂。蜜蜂是有翅亚纲、完全变态类、膜翅目昆虫，膜翅目包括蜜蜂、胡蜂、蚂蚁等许多与蜂或蚁类似的昆虫。

除蜜以外

说到蜜蜂能够生产什么，我们首先想到的总是蜂蜜。但除了蜂蜜，蜜蜂还能制造不少东西。蜂巢是蜜蜂用从自身腺体中分泌出的蜂蜡搭建的。蜜蜂还会制造一种花粉和蜂蜜的混合物，并以此作为食物。蜂胶是一种像树脂一样的物质，蜜蜂用蜂胶密封蜂巢。

唯一曾两度消失的恐龙——雷龙

恐龙大约出现在**2.45亿年**前，这些不可思议的巨型爬行动物在地球上漫步了近**1.75亿年**，雷龙也是其中之一。雷龙长着非常有特点的长脖子、巨大的身体和长鞭状的尾巴。这种庞然大物性情温顺，总是能和邻居友好相处，而且它们只吃植物。

与大部分恐龙一样，大约**6600万年前**，雷龙灭绝了。但是雷龙的故事并未就此结束。1879年，古生物学家奥塞内尔·查利斯·马什首次发现了雷龙的骨骼，他将自己发现的这只恐龙命名为雷龙（Brontosaurus，意为雷霆蜥蜴）。

后来科学家认为它们与另一种长颈恐龙——迷惑龙过于相似，1974年雷龙这一名称被认定为无效名，雷龙再次“消失”了。在2015年，科学家们再次提出，雷龙虽然与迷惑龙非常相似，但确实是两种不同的恐龙。这一研究让雷龙成为有史以来唯一“消失”而又再次“回归”的恐龙。

活到现在的恐龙

你知道鸟类实际上是恐龙吗？鸟类是整个恐龙家族谱系中唯一的幸存者！ 它们是从吃肉的恐龙进化而来的，而且进化出了超过**10 000个**不同的物种。想在现实生活中与恐龙相遇吗？那可以找只鸡来看一看——这位生活在我们身边的产蛋朋友是我们所能看到的最接近霸王龙的动物！

胃里的石头

雷龙是食草动物，这意味着它们只吃植物。巨大的雷龙每天都需要大量食物。古生物学家常常在部分食草恐龙的化石骨架胃部发现磨光的石子，科学家据此判断雷龙及很多蜥脚类恐龙与现代鸟类习性类似，它们会主动吞下石头，让这些石头在胃里帮助自己磨碎囫囵吞进肚子的食物。

动物小挑战

仔细观察鸡和霸王龙的图片，你能把它们画在同一张纸上吗？比较一下它们之间有哪些相似性。提示：从它们的爪子开始。

蜘蛛是顶级捕食者，它们的身体结构就是为了杀戮和生存而设计的。
所有的蜘蛛都能产丝，这种强韧的纤维比钢铁还要坚固**5倍**。
以总数论，蜘蛛捕食的昆虫数量比鸟类和蝙蝠捕食的加起来还要多。
蜘蛛通过感知蛛丝的震动来定位猎物。
蜘蛛已经存在了**4亿年**。
巨人捕鸟蛛最长可达**30厘米**（包括腿）。

蜘蛛可以在一年内吃掉地球上的所有人类

如果你害怕蜘蛛，绝对不要看这两页！

我们的八条腿的蛛形纲朋友每年总计会消耗**4亿～8亿吨**猎物。地球上所有人类的总质量约为**3.5亿吨**，希望蜘蛛不要在短期内联合起来讨论把人类加入晚餐菜单。毕竟如果它们愿意的话，这些纺纱织网的小生物可以把我们所有人都吃掉，而且还吃不饱！

有的蜘蛛会捕鱼。它们还会游泳、潜水，甚至会在水面上行走。

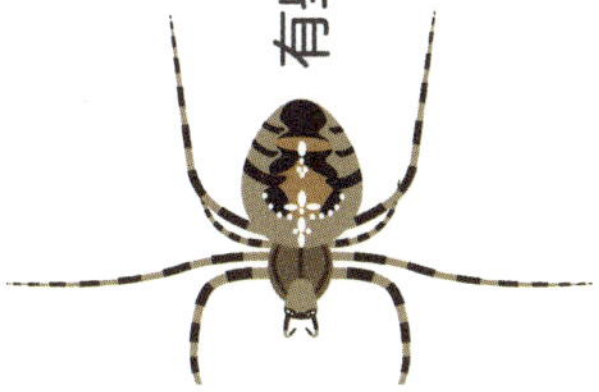

有些蜘蛛会将蛛丝球作为武器发射。

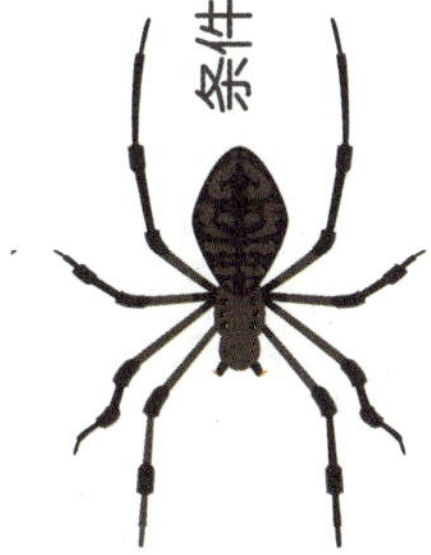

条件适合的话，每平方米可以住下**1000只**蜘蛛个体。

世界上存在超过**45 000种**不同种类的蜘蛛。

蜘蛛有外部骨骼，也被称为外骨骼。

并非所有蜘蛛都是食肉动物。吉卜林巴希拉蜘蛛就是一种主要以植物为食的蜘蛛。

可以吸的“果冻”

许多种类的蜘蛛是食肉动物。大多数蜘蛛喜欢织网等待苍蝇或其他昆虫主动送上门，而另一些蜘蛛更喜欢主动出击猎取食物。无论哪种捕猎形式，一旦蜘蛛抓住了它的猎物，事情就开始变得有点恶心。因为蜘蛛没法直接吞下整个猎物，所以它们会向猎物体内注射消化液。等消化液完成任务，蜘蛛就会像吸果冻或奶昔那样把已经被消化液液化的食物吸出来。

上升！上升！向着更高处！

当蜘蛛不忙着给猎物注射消化液的时候，它们喜欢用蛛丝捕捉风和电场的能量，并借由它们的力量飞到空中。曾有海员报告说，在离陆地**1600多千米**的地方，有蜘蛛被卷入他们的船帆。甚至曾有探空气球在海平面以上**5千米**左右的空中探测到蜘蛛。

世上物种千千万，

我们的周围有很多甲虫，它们的数量占人类已发现的所有动物物种的1/4。到目前为止，人类已经发现并研究了有**40多万种**不同物种的甲虫，但科学家怀疑世界上的甲虫可能总共多达**300万种**。甲虫不仅是动物王国的主宰，它们还占到了我们迄今为止无法描述的地球上所有类型的生命的**1/5~1/3**。不可否认的是，这些微小的甲虫在进化上是极为成功的，它们的进化方式让它们在生态系统中扮演了极其丰富且具体的角色，从给植物授粉到消化动物粪便。虽不华丽，但非常有效！

这是我们所发现和描述的所有昆虫种类中甲虫的占比。

幸存者

我们今天认识的甲虫已经存在了**2.7亿年**。这意味着在恐龙出现之前，它们就已经发现在地球上了。不管是什么原因导致了恐龙的灭绝，都没能让这些坚韧的小家伙消失。数百万年来，甲虫适应了环境并生存了下来。

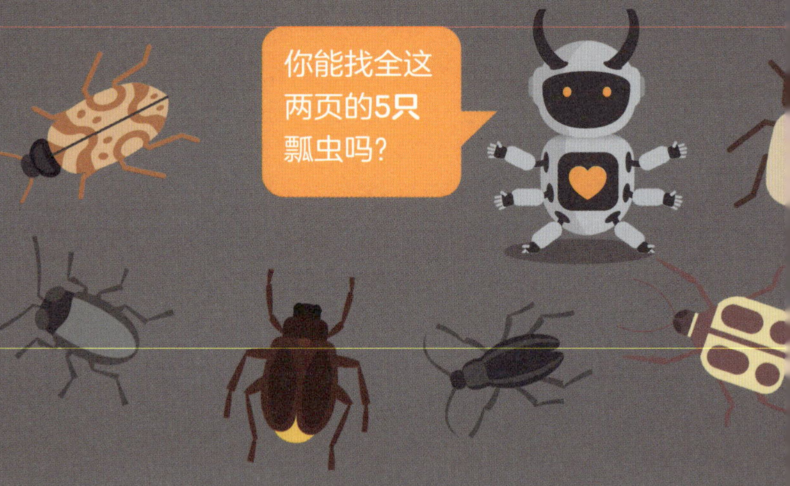

1/4是甲虫

振翅高飞

甲虫有两对翅膀！第一对翅膀是坚硬的鞘翅，可以保护第二对用于飞行的翅膀。

无处不在

地球上的大多数地方都出现过甲虫的身影，目前只有在极地的冰面上和海水里我们没发现甲虫的身影。

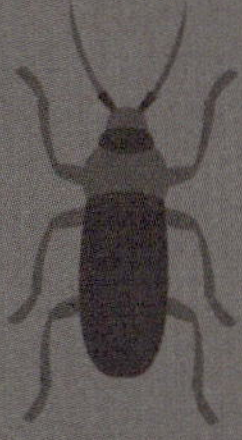

虎甲快跑

如果从体形与速度方面综合考虑，虎甲是地球上最快的生物。这类甲虫可以以**9千米/时**的速度奔跑，这相当于在一秒内跑完自身长度的**125倍**！速度最快的人类在这个时间内也只能跑出自己身体长度的**5倍**左右。要在这个速度和体形大小方面综合考虑的竞速比赛中击败虎甲，一个身高**170厘米**的人必须达到**770千米/时**速度。

自动售货机可能比鲨鱼更危险

说起凶猛的海洋食肉动物，你首先想到的可能就是鲨鱼。有的人甚至在看过几部有关鲨鱼的恐怖片后，会开始担心可能自己不小心把受伤的小拇指碰到一点海水，鲨鱼就会跳出来把人吃掉。但是这种凶名对于鲨鱼来说实在不太公平。实际上统计数据显示，每年死于自动售货机事故的人比被鲨鱼袭击而死的人要多，别惊讶，自动售货机很可能在人类愤怒地摇晃它的时候倒下来，把人压死。

意料之外

如果死于自动售货机的事故还不够离奇，那一起来看看下一页的统计数据吧。统计数据显示，比起鲨鱼，掉落的椰子、弹出的香槟软木塞、床、河马，甚至蚊子对人类来说都更危险。

10

世界范围死于鲨鱼袭击的人数。

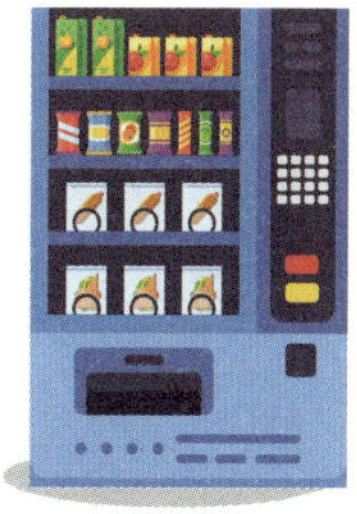

13

世界范围死于自动售货机的人数。

450

全美国死于从床上摔下来的人数。

150

世界范围死于椰子掉落的人数。

500

全非洲死于河马袭击的人数。

24

世界范围死于被飞出的香槟软木塞击中的人数。

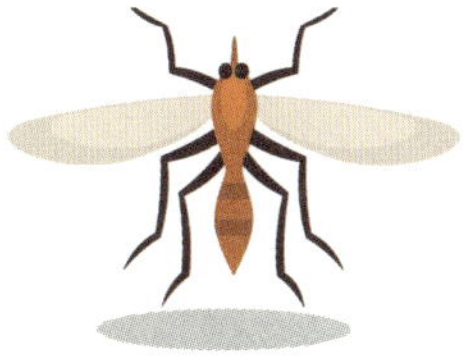

830 000

世界范围死于被携带疟原虫、寨卡病毒、登革病毒、乙型脑炎病毒或黄热病毒的蚊子叮咬的人数。

不对等的杀戮

与鲨鱼每年可能袭击10个人类相比，每年人类杀死的鲨鱼数量似乎有点太多了，数据显示，为了获取鲨鱼肉或鲨鱼肝，每年人类会杀死大约100 000 000条鲨鱼，部分研究认为人类杀死鲨鱼的数量可能接近300 000 000条。即使使用1亿（100 000 000）条这个较小的数字进行计算，这也意味着每小时有11 416条鲨鱼被人类杀死。

老前辈

人类与鲨鱼的对立关系已经存在了数千年，但是它们早在**4.5亿年前**就已经开始在地球的海洋中游弋了。这可比恐龙出现的年份还早了**2.3亿年**！鲨鱼甚至比树木出现得还早，科学家找到的地球上最古老的树木化石距今仅有**3.7亿年**。

猫只有面对人类时才会喵喵叫

家猫在要求喂食时似乎都会反复地喵喵叫。现实中，成年猫彼此交流时几乎不会互相喵喵叫，喵喵声是猫为了与人类交流而特意发出的声音。

奶猫会用喵喵声引起猫妈妈的注意，但它们成年后就不再向其他猫咪喵喵叫了。可能是因为我们总会回应，与人类一起生活的猫咪都会对主人喵喵叫。事实上，有时我们甚至用不同的、更高的声音喵回去。

让我们谈谈

除了喵喵声，猫咪用来与我们交流的叫声还有大约**100种**。其中包括呼噜声、颤音、低吼咆哮、嘶嘶声、号叫声、咔嗒咔嗒声、咕噜声和哀号声。

身体语言

除了用喵语交流，猫咪还利用它们的耳朵、眼睛、身体位置及尾巴来表情达意。在不同的位置上或快速或缓慢地移动都代表了不同的意思。比如猫咪非常愤怒时，它们会炸开全身毛发并竖起尾巴！

猫咪的尾巴

海豚与人类

海豚非常聪明，它们甚至被认为和人类一样聪明——有时甚至比人类更聪明（不过这主要取决于和哪个人比）。像人类一样，海豚可以在镜子里认出自己，这是生物具有自我意识的标志，也是其他大多数动物做不到的。

海豚能够意识到自己的身体部位，并能自主控制自己的身体动作，它们也有情绪，且表现出对于情绪的自我控制能力。除了这些相似之处，海豚的智慧也表现在很多与人类不同的方面。我们应该把海豚当作与人类同样智力的、高度进化的物种来对待，它们似乎和我们一样是“人”，只是它们乐于生活在水中。

海豚葬礼

海豚似乎能够明白生死循环的意义，并会为去世的同伴感到悲伤。在类似于“葬礼”的仪式中，海豚会用身体支撑着死去的同伴的尸体让它漂浮在海面上，这种仪式通常会持续半小时左右，有时也会持续数天之久。

“心电感应”

海豚间会形成紧密的社会团体与派系。科学家发现这些群体间的联系实在太过紧密，以至于部分科学家怀疑海豚之间可能存在某种“心电感应”。

每条海豚都有自己的名字

海豚也能进行“语言”交流，只不过它们使用一系列高度发达的口哨声、咔嗒声、嗡嗡声和脉冲声。每条海豚都有独属于它的标志性口哨声，科学家认为这种特殊标志的作用类似于人类的名字。

官方认证

印度已正式承认海豚是“非人类的”人，海豚的生命权与自由都必须得到尊重。

非常相似

猪不能抬头看

猪的嗅觉非常灵敏，大约是人类嗅觉的**2000倍**。平时我们经常看到猪把鼻子贴在地上，或者在泥土中拱来拱去，这是它们在利用超强嗅觉寻找食物。

可惜这种超常的嗅觉天赋也带给了猪巨大的身体缺陷——它们的头没法抬到15°以上。这意味着猪能稍微抬起头看向远处，但不够凝视空中的云朵。所以当它们需要看清高处或远处的东西时，就需要找个脚踏蹬直前腿抬起整个身体，或者干脆平躺在地上看。不过别担心，猪对此并不在意，它们通常更喜欢低头在地上寻找美味佳肴。

动物小挑战

使用量角器量出15°，想象一下只能抬头15°的情况下，猪看到的世界是什么样子的。

社交圈

猪是一种高度社会化的动物，它们会与不同的猪乃至其他物种形成非常紧密的联系。猪非常友善，它们喜欢依靠在一起取暖。

聪明的小猪

不能抬头并不代表猪不聪明。猪是一种非常聪明的动物——它们可能比狗更聪明！科学家认为猪的智力水平大约与2岁的人类相当。

20亿

这是世界上的猪的总数。丹麦有**600万人**口和近**1800万头**猪，猪的数量是人口数量的**3倍**。

猪具有高度社会性，它们非常爱“说话”，喜欢用呼噜声相互交流。感到幸福时猪就会发出呼噜声，而这种声音实际上可能会因猪的性格不同而有所差异。

猫头鹰有大长腿

人们的第一印象并不总是那么准确，猫头鹰就是其中一例。如果你掀开猫头鹰肚子上的羽毛，你会发现猫头鹰有双大长腿！

囫囵吞枣

猫头鹰没有牙，它们会把猎物连皮带毛整个吞下。没错，猫头鹰会把猎物的皮、毛、骨、内脏和肉一起吞下去。

强壮的大长腿

猫头鹰是超级棒的猎手，强健的腿部肌肉赋予它们强大的抓握能力。被羽毛藏起来的大长腿能够帮助猫头鹰捕捉猎物。

灵活有力

猫头鹰的爪子是转趾型。转趾型意味着猫头鹰能够让爪子的第二和第三趾向前，让第一和第四趾向后。这种趾型有助于它们牢牢地抓住猎物。

与对趾型的鸟不同，猫头鹰可以将一个脚趾从后向前移动，变成前3后1的结构，这更利于它们的行走和栖息。

有史以来最大的动物无法吞下比葡萄柚更大的食物

蓝鲸是无可争议的海洋之王。它们的体形是曾存在于地球上的最大的恐龙体形的**3倍**，比现存的任何其他生物的体形都要大。也许你会觉得这样巨大的生物吃下肚的猎物也一定非常巨大，事实并非如此。

体形虽大，蓝鲸的喉咙却很窄，它们无法吞下比葡萄柚更大的东西。为了满足生存所需，它们必须选择个头小但数量非常巨大的食物。

饕餮盛宴

蓝鲸的首选食物是磷虾。这种微小的、粉红色的生物非常容易沿着蓝鲸纤细的食道滑进胃里。这些鲸鱼的“小零食”喜欢成群结队活动，科学家估计其中一些巨大的群落总质量高达**9000万千克**，约等于**643头**蓝鲸的质量！

暴食

在迁徙途中和繁殖季节，蓝鲸可能有**6~8个月**的时间要忍饥挨饿。一旦这些饥肠辘辘的鲸鱼回到磷虾丰富的水域，它们会马上开始大吃大喝。在捕食季节，蓝鲸可以在一天内吞下**4000多万只**磷虾——这些磷虾重约**4吨**。

鲸吞

为了吞下如此庞大的磷虾群，蓝鲸大张着嘴巴游泳，把“磷虾浓汤”吞进嘴里。在这个过程中，蓝鲸不可避免地要喝下大量海水，但它们会马上用自己**2700千克**重的舌头把过多的海水滤出去。

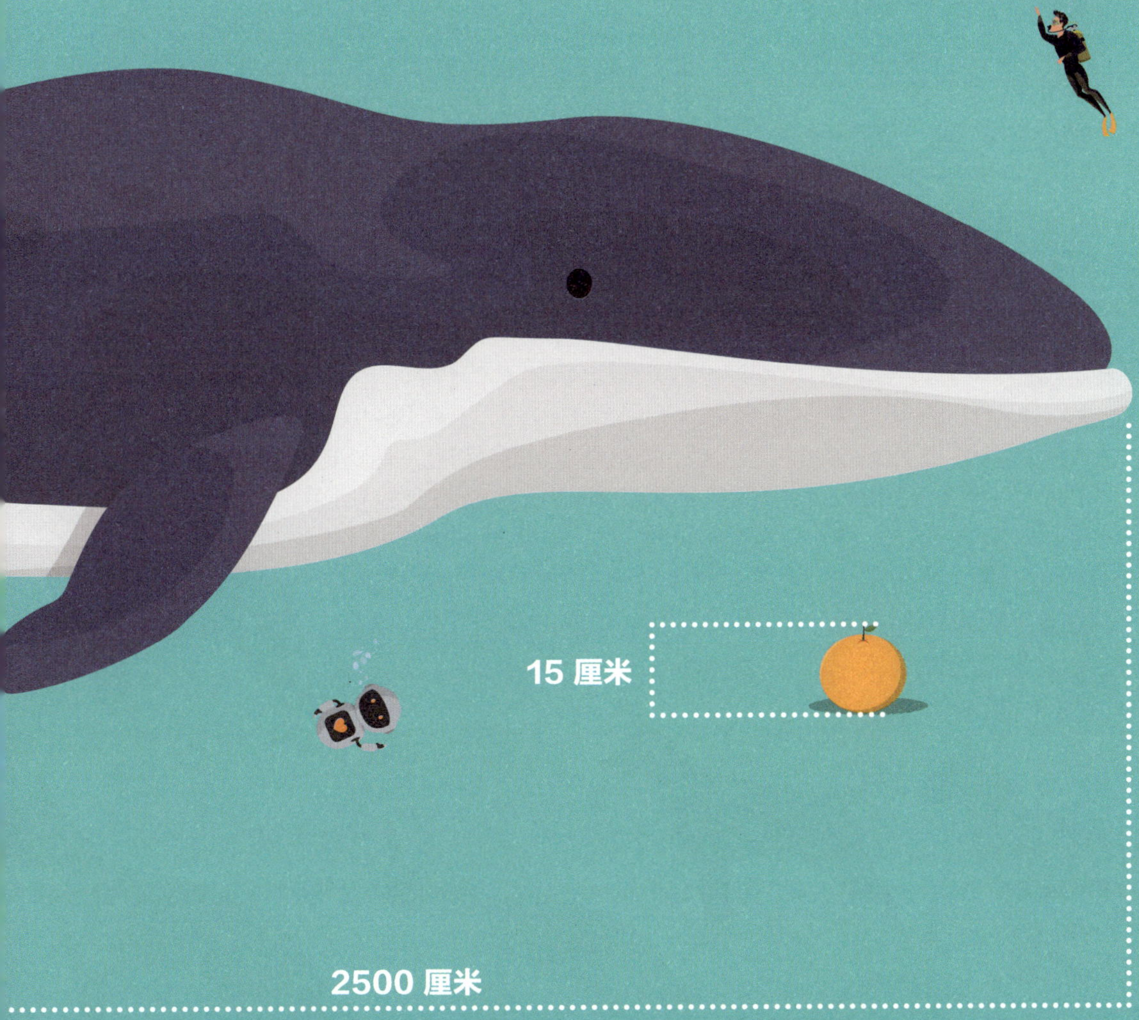

每只现代狗都与灰狼有着共同的祖先

只需在宠物友好的公园待上几分钟，观察摇着尾巴路过你身边的小家伙，你会发现这些人类最好的朋友拥有复杂多样的体形、大小、颜色与皮毛。事实上，世界上存在超过**340种**不同品种的狗。但所有的狗都与灰狼来自一个共同的祖先。

驯化

科学家认为，狗与狼的共同祖先是一只生活在**34 000年前**的亚洲或欧洲大陆上的史前的狼。目前，科学家已经在人类居住的洞穴里发现了距今**33 000年**的狗头骨，这表明狗是第一个被驯化的物种，并且在人类发展农业之前，狗就已经开始与我们一起进化了。

乖狗狗

狗会被驯化的原因尚不明确。有一种理论认为，狗的这位史前的狼祖先可能经常在人类狩猎采集者的营地附近活动并吃点残羹冷炙，甚至主动接近人类，开始了漫长的和人类和平共处的旅程。性情温顺、不具有太强攻击性的狼在友好相处这方面最为成功，这也使得它们逐渐开始学习为它们的人类朋友服务。

好搭档，好伙伴

人类的狩猎采集者祖先与史前的狼建立了共生关系——人类用剩余的食物换取狼帮助自己狩猎或者驱赶其他有威胁的动物。随着时间的推移，这种关系使得史前的狼逐渐演变成我们现在的动物伙伴。人类对于犬类进行的选择性繁殖造就了如今繁多的品种，在这3万余年的时间里，我们直接影响着犬类的进化。

蚂蚁已经征服地球

我们总觉得自己是万物之灵，并确信自己是地球上的优势物种。没错，我们有超过80亿人口，栖息地覆盖全球，我们建设文明并改造自然，以满足我们自己的要求。

事实证明，我们的这颗星球一直由另一个物种统治着，只是它们非常低调。蚂蚁早已控制整个地球。全球的蚂蚁有超过**1 000 000 000 000 000只**——也就是**1000万亿只**！这个恐怖的数字意味着每个人都面对着超过**130万只**蚂蚁。

质量相等

也许有人会觉得人类的体形明显大于蚂蚁，所以我们依旧是地球的主宰。可惜的是，如果真的去比较地球上所有的蚂蚁和所有人的质量，两个物种的总质量也是差不多的。

无处不在

蚂蚁不止数量庞大，而且无处不在。蚂蚁能够适应自然界的任何一种极端环境，从撒哈拉沙漠到北极圈附近，除了南极大陆，地球上每一块陆地上都有蚂蚁的足迹。

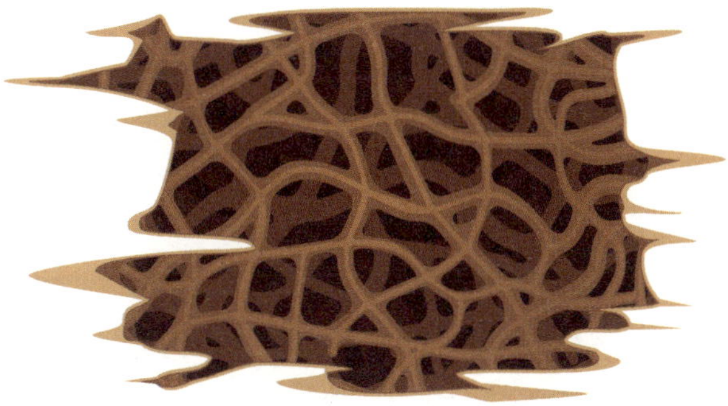

蚁巢

生活在我们脚下的蚂蚁非常聪明。就个体而言，一只蚂蚁看起来并不聪明，但协作的蚂蚁可以通过它们的群体思维解决难题。与人类一样，蚂蚁也有能力设计并改造周围环境——它们在地下精心建造了巨大的、互相连接的房间，方便不同分工的蚂蚁协同合作。

天选幸存者

人类在地球上已经存在了很久，但我们存在的那**20万年**与蚂蚁相比实在少得可怜。它们在**1.3亿年前**就已经与恐龙共享地球，并在恐龙的大灭绝中幸存下来。也许未来的某一天，人类就要一起称呼蚂蚁为“主人”了。

考拉有与人类非常相似的指纹

如果警察需要在动物园的考拉馆调查案件，那么指纹采集工作会变得相当棘手。考拉的指纹与我们的指纹非常相似，都有这种特殊的螺旋图案。

紧紧握住

考拉并不是唯一具有独特指纹的动物，黑猩猩和大猩猩也有指纹。我们的指纹可以增强我们握住物品时的摩擦力，并且可以让我们在触摸东西时获得更详细的感官体验。

考拉对食物非常挑剔，它们最爱吃的是某种树龄的桉树长出的叶子。它们的指纹有利于它们在大快朵颐之前仔细检查食物，判断即将塞进嘴里的桉树叶是否符合口味。

仔细观察我们的手指指腹。指纹指的是手指末端指腹上由凹凸的皮肤所形成的纹路。目前没有发现存在指纹完全相同的两个人，动物也一样。每个人的指纹几乎是独一无二的，我们不能肯定地说世界上绝不存在完全相同的指纹，因为科学家认为一个人的指纹确实有**640亿分之一**的机会与另一个人的指纹完全相同。

考拉的胃口

考拉的胃口很好，每只考拉每天都可以吃掉**1千克**的桉树树叶！

乌鸦永远不会忘记……

永远不要惹恼乌鸦。由于它们有特殊的面部识别系统，如果你惹恼过它们，这些高智商的鸟儿会把你永远记在黑名单上。

乌鸦有破解复杂谜题的能力。如果最后能够获得奖励，它们愿意解决包含多个步骤、需要按照特定顺序破解的麻烦谜题。

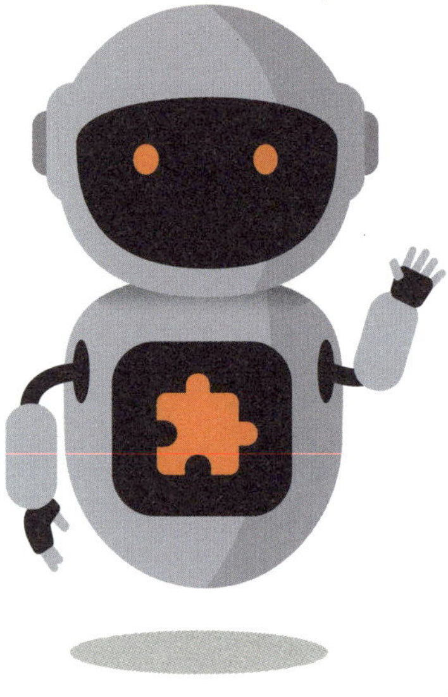

使用工具

乌鸦甚至会使用工具，有时甚至能创造性地组合多个工具以完成任务。人们经常观察到这些聪明鸟儿从树上折下小树枝，细心地去掉树皮和树叶后把它当成可以从窄小空间寻找食物的“钩子”。

……曾经见过的人脸

它们不仅能够再次认出你的脸，还会在接下来长达**5年**的时间里怀恨在心，只要再次遇到你，就会给你点颜色看看。这些记仇乌鸦不但自己记着，还会把你的恶行告诉它所有的朋友！

成为乌鸦的好朋友

乌鸦不但会对冒犯自己的人念念不忘，还能记住任何对它们友好的人。众所周知，乌鸦会把它们收集的闪亮的玩具作为礼物送给经常投喂它们的人类。成为乌鸦的好朋友，你不会后悔的！

玩个游戏

和许多聪明的动物一样，乌鸦也喜欢玩耍。有些乌鸦甚至会在被白雪覆盖的屋顶踩着塑料盖子“滑雪板”玩“滑雪”。

奶牛也有好朋友

茵茵绿草上有一群奶牛正在吃草或者休息，这幅令人放松的画面总会给我们带来平静与安宁的感觉。奶牛安静地或站或坐，它要么悠闲地游荡，它要么啃食青草，我们据此认为奶牛过着简单的生活，猜测它们头脑空空。实际上奶牛是一种高度社会化的动物，它们也会对彼此产生深厚的感情，它们也会拥有好朋友。

紧张不安

如果将奶牛和它最好的朋友分开，它就会变得情绪紧张，心率也会加快。如果这种分离持续时间过长，还会影响奶牛的产奶量。一旦与好朋友重聚，奶牛的心率就会降低，产奶量也会恢复正常。

15亿

全世界奶牛的总数。

爱的奉献

你知道吗？如果你给奶牛起了名字并且让它感受到足够的爱，它就会多多产奶以回报你的爱。

考拉

经过测量，这些可爱的有袋动物每天会睡20~22个小时。

树懒

这种迟钝的树栖动物每天都要打40多个哈欠，睡20个小时。

有些动物一生中大部分时间都在睡觉

棕蝠

这些耳朵长得像老鼠的微型蝙蝠几乎整天倒挂着睡觉，有时长达**20个小时**。

大犰狳

身穿重型盔甲的大犰狳每天都设法让疲惫的脑袋休息约**18个小时**。

人类通常一天会睡**8个小时**，睡眠时间约占人生的**1/3**。这听起来很多，但和那些生命中大部分时间都在梦里的动物相比，这实在不算什么。

袋熊的便便是立方体

袋熊是我们所知的唯一一种会拉出立方体粪便的动物。它们会在任何地方排泄这种非常干燥的立方体，当然了，袋熊的目的并不是想用这些立方体便便搭房子，而是用于标记领地及给其他袋熊留下信息。

超长肠道

这些立方体粪便的成因是袋熊那形状不规则的肠道，而且袋熊肠道的长度是**9米**！这可太长了，比人类的肠道长多了，而袋熊明明才那么小！所以当食物通过袋熊长长的肠道时，这些带有凹槽的肠道会把它们塑造成立方体便便。

6

袋熊消化食物所需的天数。

最快速度

不吃东西或者不拉屎的时候，袋熊往往只会蹒跚而行。但如果它们觉得自己受到了威胁，袋熊也会奋力冲刺！袋熊可以以**40千米/时**（约**11米/秒**）的速度冲刺，并保持这种冲刺速度长达**90秒**。

100

袋熊每天能拉出的立方体便便数量。

曾经很大

250万年前，澳大利亚的袋熊看起来和现在并不相同——它们有犀牛那么大。这种巨型袋熊重达**2700千克**，从鼻子到尾巴全长**4米**。试想一下，它们拉出来的立方体便便该有多大啊！

很久很久以前，海龟就已经在海里游泳了

海龟是和恐龙同时代的物种，这实在让人惊讶。时至今日，海龟依旧在海洋中快乐地游泳，说明这些生物比恐龙更能适应环境。

旧日碎片

现有化石证据显示，海龟是在**1.1亿年前**开始在海洋里游泳的。这些游泳的海龟是陆龟和淡水龟的后代，他们存在于约**2.3亿年前**。这使得海龟的化石历史比任何其他四足动物都要古老。

观众席前排

虽然海龟自身经历的进化变化相对较少，但它们见证了包括从有羽毛的恐龙进化成鸟类，以及早期哺乳动物发展为大象、鲸鱼、蝙蝠甚至人类的惊人进化历程。在这场生命进化的“展览”中，海龟一直坐在观众席的前排。

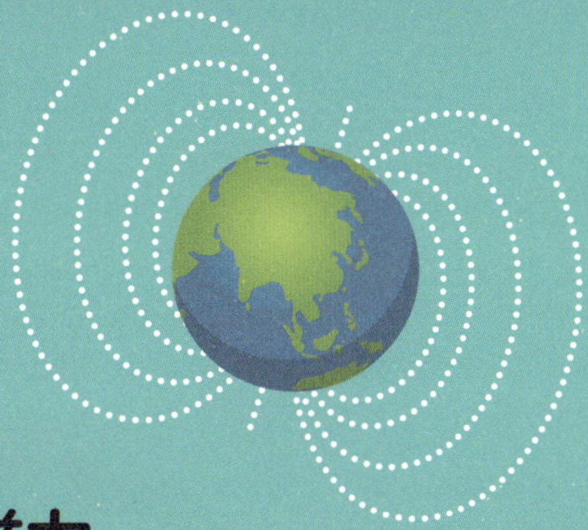

磁力

海龟的大脑里有能够感知磁力的导航系统。这使得海龟可以在无尽的海洋中进行远距离迁徙而不迷路，有时海龟一年的旅程可达**16 000千米**。

100

海龟能活到的岁数。也是它们每次筑巢产卵的大致数量。

数

学

数学是被发明的还是被发现的

数学常被称为科学的语言。通过它，我们能够准确地描述我们非凡而又多样的宇宙。虽然我们周围的事物可以用数学来解释，但我们却不清楚数学本身的起源。直到今天，我们还在讨论数学究竟是像我们发明工具一样是人类发明的，还是它就是一个藏在自然界中的“宝藏”，一直等待着被我们发现。

数学是世界的基础

相信数学是被人类发现的那些人也相信数学是一切的基础，是数学支撑起我们整个宇宙的结构！他们相信数学是天然存在的，即使我们的宇宙明天消失，数学也会存在。人类通过发现数学规律，已经开始能够理解我们所生活的物理世界。

数学是人类的创造物

而那些相信是人类创造了数学的人争辩说，数学之所以如此适合描述物理世界，其唯一原因是人们创造出数学就是为了这样做！他们认为数学是我们直接通过思考产生出来的，是为了满足我们自己的目的，一边做一边编出来的。对人类来说，如果宇宙消失了，数学也就不复存在了。因为将不再有足球、橄榄球、纸牌游戏或其他任何人类创造出的规则。

解决形状难题可以提高你的数学技能

如果你喜欢破解几何谜题，那么你可能会对下面所听到的内容感兴趣。破解几何谜题可以提高数学考试分数！如果我们在数学测试前**40分钟**内解决了形状旋转难题，那么通常就会在之后的算术测试中取得更好的成绩。

分割

七巧板是一种有着200年历史的中国重排拼图。它是通过把1个正方形切成7个小的几何形状制成的。这7个形状分别是:

2 个大直角三角形；
1 个中等的直角三角形；
2 个小直角三角形；
1 个小方形；
1 个平行四边形 。

当这些小板被正确排列时，它们就会组合在一起，形成一个大的正方形、矩形或三角形。

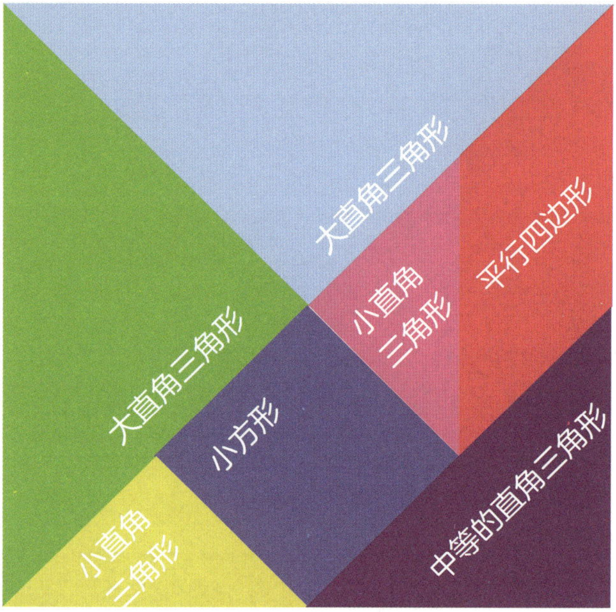

组成的图案

除了可以组合成这些标准的形状外，七巧板还可以排列成许多不同的图案，从而创造出一些奇妙的组合，如下图所示。

你能把我左边的图案分成两半吗？听起来是不可能的，但这里有一条提示：这个图案是由两个相同的形状组成的。试着把大的图案分成两个吧！答案就在我的屏幕上。

总是点大比萨

如果我们在看比萨菜单时肚子很饿，那么我们饥饿的胃可能会因为想多吃点而告诉我们点两个中号比萨而不是一个大号的。但数学告诉我们，一个大号比萨实际上比两个中号比萨还要大。这意味着你盘子里的比萨更多（并且通常会花更少的钱）！

一个大号比萨的直径约为**45厘米。**

半径是直径的一半。所以一个大号比萨的半径大约是**22.5厘米。**

为了计算比萨的总面积，我们使用以下公式。

$\pi\times$ 半径^2

$\pi\times22.5^2$

通过计算我们可知，一个大号比萨的总面积约为**1590平方厘米。**

美味的圆周率

π是圆周率的符号，代表圆的周长（圆一周的长度）与直径（圆从一端到另一端的距离）之比。圆周率的位数是无限的，但是它大约等于3.141 592 653 589 793 238 46…，因为这个数字位数是无限的，所以我们通常把它缩写为3.14。

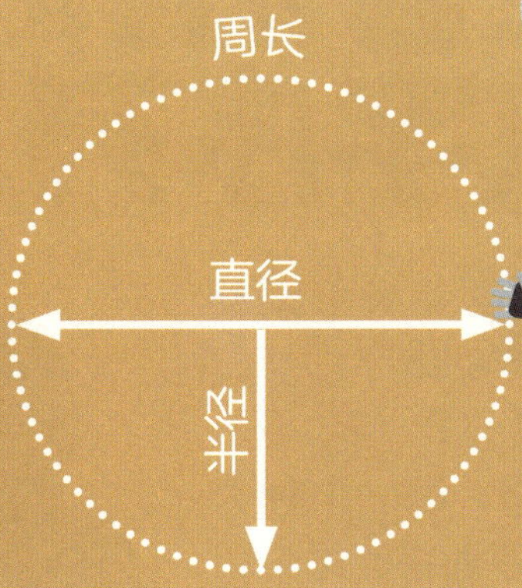

30厘米

中号比萨的直径为**30厘米**，半径为**15厘米**。
根据大比萨面积的计算公式，我们用$\pi\times15^2$来计算中号比萨的总面积。
因此一个中号比萨的总面积约为**707平方厘米**。

两个中号比萨的总面积约**1414平方厘米**，比大号比萨的总面积小约**176平方厘米**。

所以，如果你饿了，记得一份大号比萨比两个中号比萨更划算！

隐藏在自然界中的数字序列

你知道吗？数学家斐波那契发现了一组存在于自然界的数字序列。顺序如下：0、1、1、2、3、5、8、13、21、34、55、89、144，一直可以数到无穷。序列中的每个新数字都是前两个数字的总和。这组数列被我们称为斐波那契数或斐波那契数列。数字之间的比例（这个比例约为1.618 034）通常被称为黄金比例或黄金数字。

你知道比的意义吗？它可以告诉我们一个数字相较于另一个数字的大小关系。

大自然的呼唤

自然界中也有斐波那契数列。你在向日葵和松果上看到的螺旋状图案都是有序且符合黄金比例的，菠萝和菜花也是如此。这一序列也出现在植物排列叶子的方式中，这种排列可以让叶片最大限度地暴露在阳光下，同样的花也会利用斐波那契数列最大限度地排列种子。

身体上的数字序列

这组数字序列不仅体现在植物身上；我们人体的大部分部位也遵循着数字1、2、3和5。我们有1个鼻子，2只眼睛，每肢有3个部分，每只手上有5个手指。

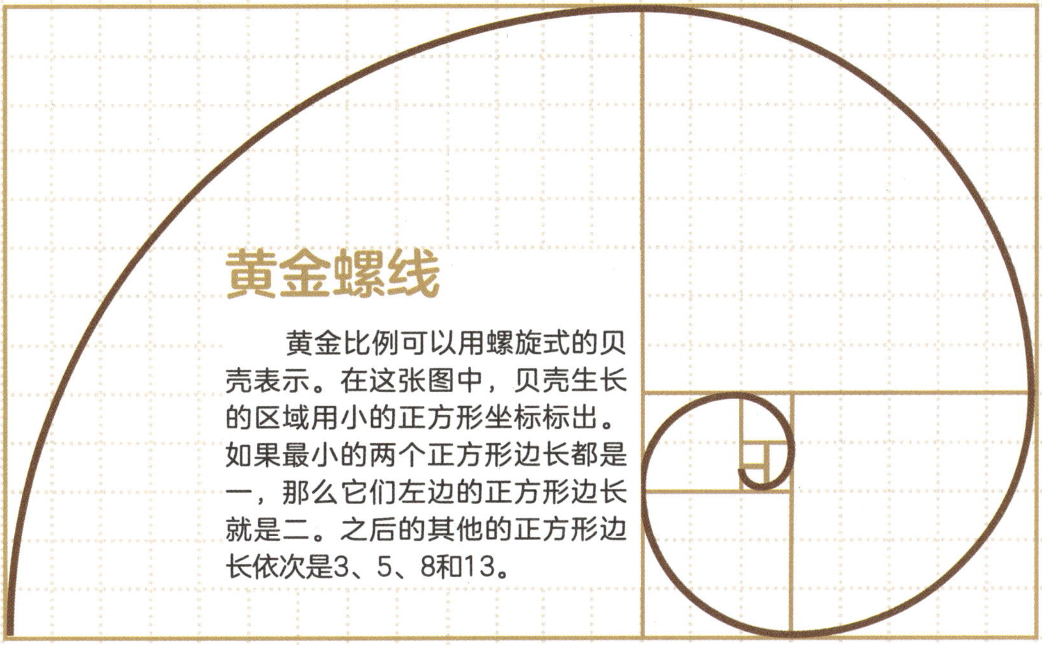

黄金螺线

黄金比例可以用螺旋式的贝壳表示。在这张图中，贝壳生长的区域用小的正方形坐标标出。如果最小的两个正方形边长都是一，那么它们左边的正方形边长就是二。之后的其他的正方形边长依次是3、5、8和13。

你能够用4条线把这些点连起来吗？

看看你能不能用不超过4条的直线把这9个点连起来。每个点不能连在一起超过一次，而且你的手不能从纸上抬起。克劳斯在下面给出了答案！

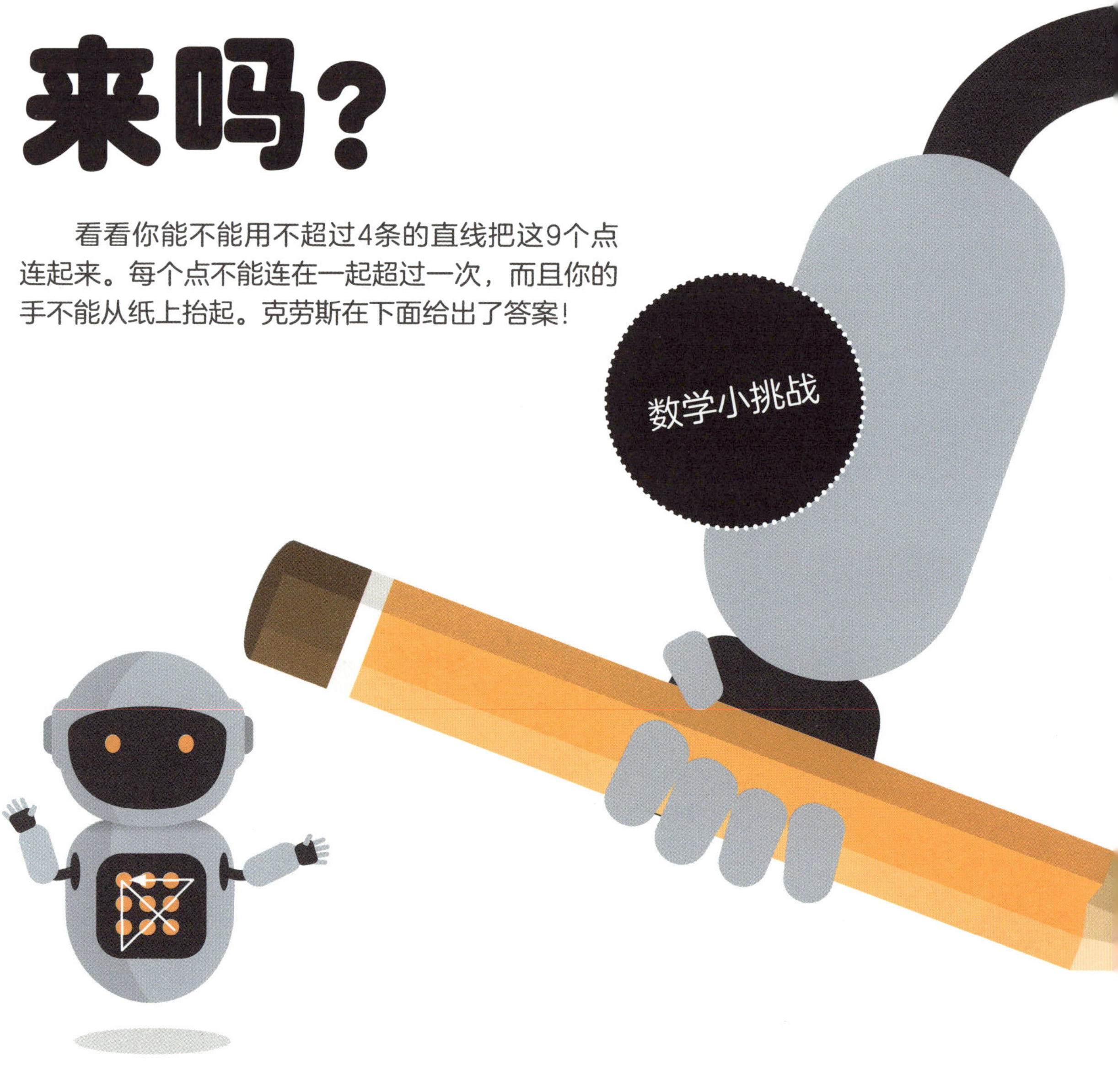

分形是无限的

试图描绘一个无限的事物（无限的意思是没有尽头的东西，它会永远持续下去）是非常困难的。这种事物光是想想就会让我们的大脑受伤！分形是帮助我们思考无限的一种好方法。它是指一种在不同尺度上不断重复的永无休止的图案，这也被称为自相似性。尽管分形看起来非常复杂，但它其实只是通过重复一个简单的图案而形成的。

放大、放大、再放大

数学上的分形是通过解一个简单的方程数千次所产生的。然后我们再以循环的方式将这些计算结果表现出来。这些分形是非常复杂的，它可以让我们一直放大下去。

永恒的三角形

数学上还有一种分形是谢尔宾斯基三角形，以数学家瓦茨瓦夫·谢尔宾斯基的名字命名。这是一种自相似的分形，是由许多等边三角形组成的等边三角形，其中更小的等边三角形以重复的模式组成等边三角形。

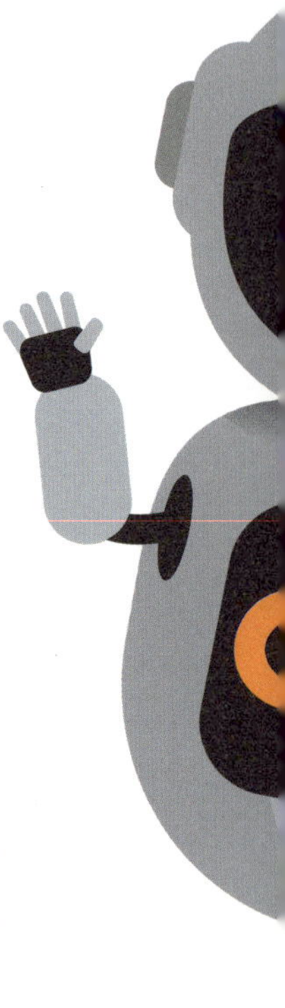

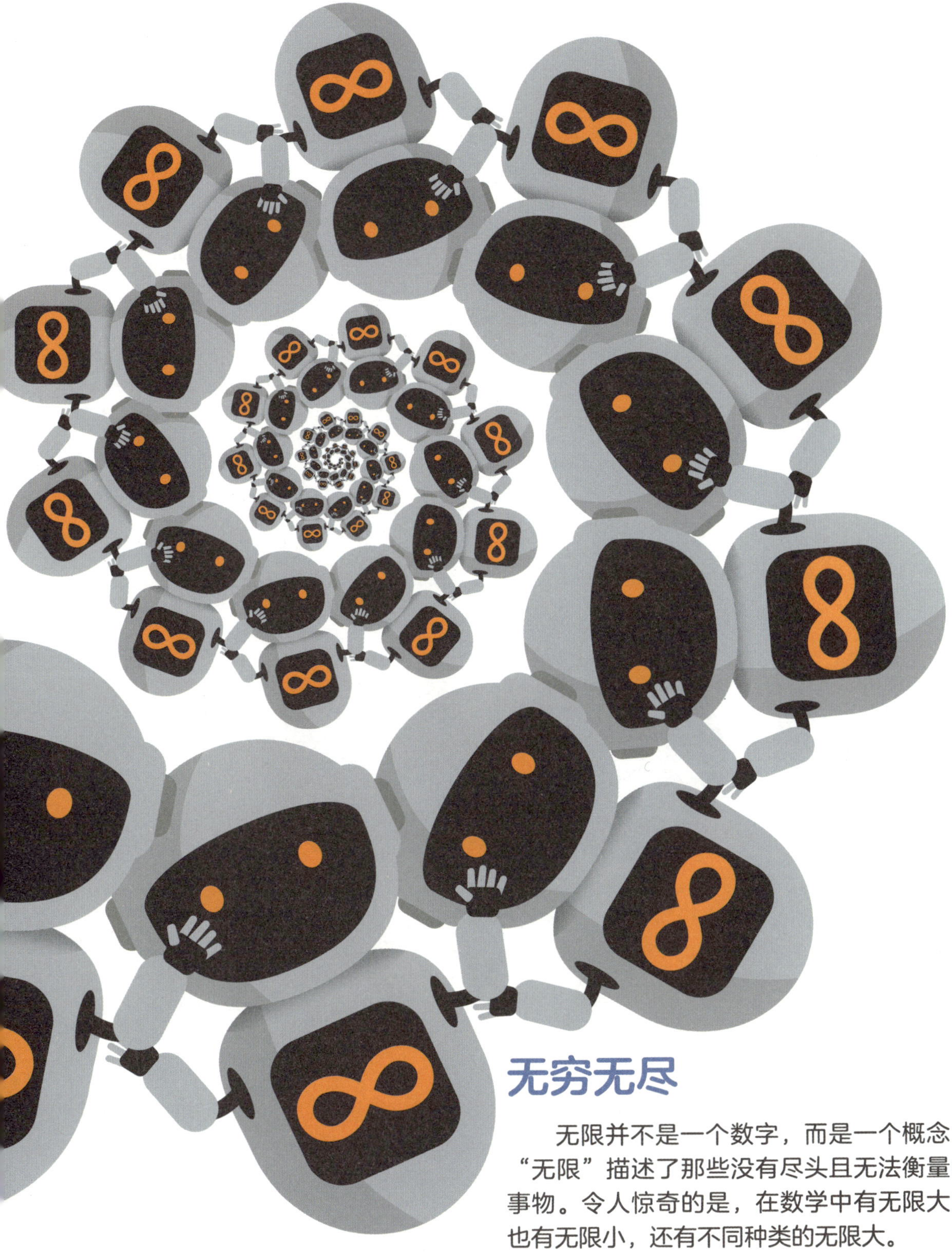

无穷无尽

无限并不是一个数字，而是一个概念。“无限”描述了那些没有尽头且无法衡量的事物。令人惊奇的是，在数学中有无限大，也有无限小，还有不同种类的无限大。

寻找外星人的公式

有点确定

$$N = R \times f_p \times n_e$$

N：银河系中技术先进文明的数量

R：银河系形成新恒星的速率

f_p：拥有行星的恒星占恒星总数的比例

n_e：每个恒星系中有适合生命生存环境的行星数量

1961年，一个惊人的数学公式被提出。如果可以计算出结果，那就可以估算出我们银河系中可接触的外星智慧生物数量！这个公式是由天文学家弗兰克·德雷克提出的，因此被称为德雷克方程。

考虑到银河系的巨大规模和其中的数千亿个恒星系统，我们很有可能不是宇宙中唯一的智慧生物。如果外星人真的存在，那么弗兰克·德雷克发明了一种非常聪明的方法来计算可能存在的外星文明数量。科学家们说，德雷克方程是一个很难使用的公式，因为它包含了太多的未知元素。然而，科学家们一致认为方程的真正重要性不在于计算出结果，而在于首先要研究明白这个复杂的公式的含义。

非常不确定

$$\times f_l \times f_i \times f_c \times L$$

f_l	f_i	f_c	L
宜居行星上出现生命的概率	有生命存在的行星中出现智慧生命的概率	智慧生命掌握向外太空发射可探测信号技术的可能性	智慧生命能够持续向外太空发射可检测信号的时长

这个数列的下一个数是多少？

数学小挑战

答案：840。

数列中的每一个新数字都是通过将前一个柱子上的数乘以柱子总数产生的。

当你洗牌时，顺序可能在宇宙

一副扑克有52张牌。这个数字本身没有什么值得兴奋的，但如果你把牌洗一洗，之后将这52张牌排成一行。所有排列组合的总数就会变得令人兴奋！因为你每次重新洗牌并把它们排成一行的时候，你就会创造出前所未有的新组合！

独一无二的选择

如果你用数学来表示这种选择出现的概率，那么一副52张的牌可以这样用这样的公式表示：

52 × 51 × 50 × 49 × ··· × 3 × 2 × 1

换成文字来表达就是第一张牌有**52种**选择，第二张牌有**51种**选择，第三张牌有**50种**选择，以此类推。

最终排列的可能性数量是：

80 658 175 170 943 878 571 660 636 856 403 766 975 289 505 440 883 277 824 000 000 000 000

也可以写作8×10^{67}。这个数字大到让你惊讶得合不上嘴。

扑克产生的排列史上从未出现过

比恒星数目还多

排列的可能性的数字很大，比一些天文数字还大。这个数字大到甚至超越了宇宙的大小！事实上，它比宇宙中所有恒星的总数还要多！

一生只有一次

考虑到这个排列可能性的数字已经大到超出了宇宙的尺度。可以肯定的是，通过随机洗牌获得的任何排列顺序，都可能是从未出现过的。而且在你的一生中也永远不会再次出现！

普遍的真理

这种可能性的数量非常大。如果有人从**138亿年前**的宇宙诞生之时开始每秒洗牌一次，至今他们洗牌的次数也不会超过10^{18}**次**。

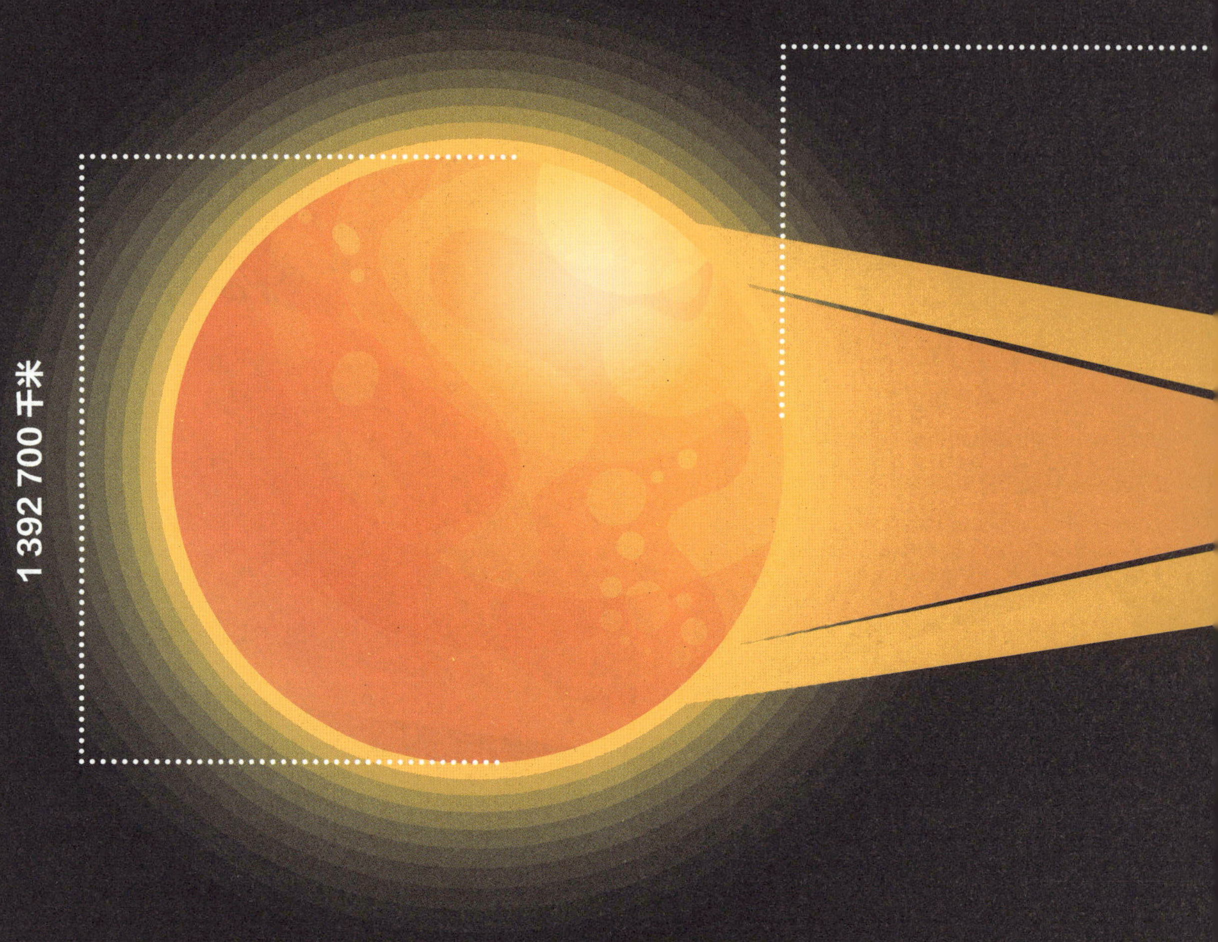

日全食的发生要感谢数学的巧合

当月亮慢慢从太阳和地球之间经过时，会发生日食现象。日食会导致白天温度下降、天空变黑。与之相媲美的是惊人的数字巧合让这个史诗般的景象得以发生。这一神奇的数字就是400。

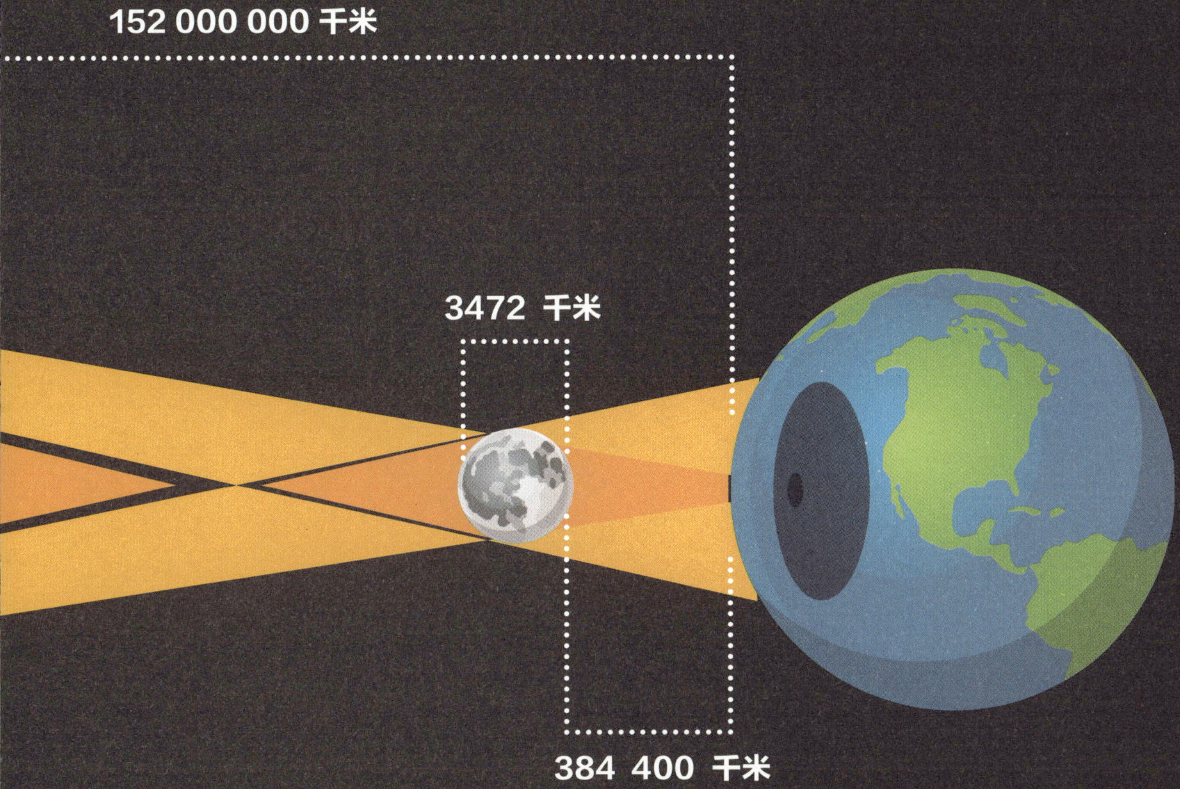

目不转睛

太阳的直径大约是月球直径的**400倍**。然而，惊人巧合的是，太阳到地球的距离是月球到地球距离的**400倍**。距离越远的物体看起来越小，这意味着在地球上，太阳和月球看起来差不多大。

如果你有幸能看到日食的各个阶段，一定要戴上特殊的日食眼镜。这是一种将黑色滤光片装在硬纸板镜框里的眼镜。它可以保护你的视网膜免受因凝视太阳而造成的紫外线伤害。即使是在日食期间这种伤害也依然存在！

数学小挑战

你能找到多少个三角形？

上图的彩色六边形中包含了一些三角形，看起来很多。你能全部找到它们吗？（答案在下一页）为了更好地记录这些三角形，请拿起铅笔和纸，在你看到这些三角形的时候把它们画出来！

答案：三角形的数量总共35个。

1万亿

100万、10亿和1万亿在大小上相差甚远

有些人倾向于把那些大的数放在一起。可能是因为这些英文单词看起来很像（百万“million”，十亿“billion”，万亿“trillion”），也可能是因为这些英文单词押韵。但是，如果你认为这些数字大小差不多，那就大错特错，尤其在说到百万、十亿和万亿这些数量级时。值得提醒的是，10亿是1000个百万，1万亿是1000个10亿。

10亿

100万

快速致富

从财富的角度认识这几个数字：如果你能从你出生开始每一秒赚1美元，你将在不到两周的时间里成为一个百万富翁婴儿，而且还会拥有用金线织成的尿布。当你早早成为百万富翁后，你要等到**31岁**才能成为亿万富翁。但遗憾的是，成为万亿富翁的梦想永远无法成真，因为要想达到这个财富水平，你需要惊人的**3.2万年**。

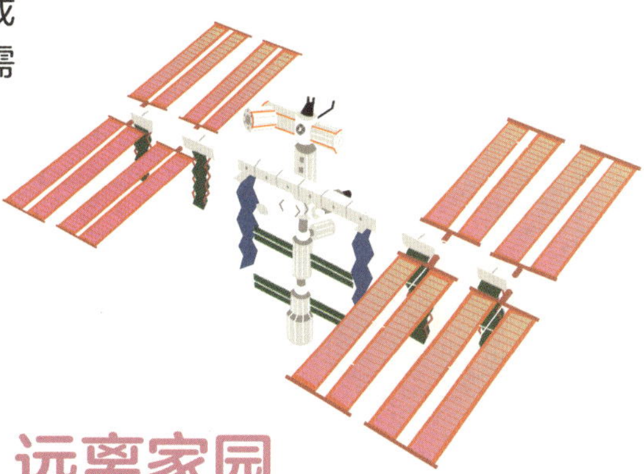

像天空一样高

从高度的角度认识这几个数字：如果你把婴儿时期的财富都换成面值为100美元的钞票，那么你的100万美元摞起来将有一把椅子那么高，这好像并不夸张。但你的10亿美元会令你印象深刻，那是冲上云霄**1千米**高，甚至比目前世界上最高的建筑——哈利法塔还要高！

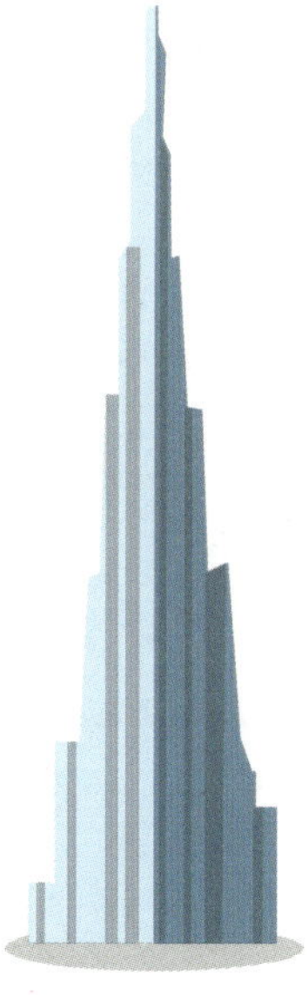

远离家园

更让人目瞪口呆的是，如果你有万亿美元，摞起来的钱将脱离地球的边界，向上延伸到**1000千米**高。远远超过卡门线（该线被认为是地球与外太空分割线）的高度。它将经过国际空间站（ISS），并继续前进，最终到达国际空间站距离地球高度的**2.5倍**！

计算百分比

数学中的乘法运算也是一个很棘手的问题。即使是一些最基本的计算，比如计算百分比，也可能相当困难。尤其是当你试图用心算就把它们都算出来的时候。但是，有一种将百分比计算变得更简单的方法。你可能在学校里没有学过，它改变了原有的计算规则。这种方法是：

$$x\% \times y = y\% \times x$$

例如，如果你要计算出75的20%，你所要做的就是把它转换为20的75%，这就简单多了，很容易得到答案为15。这个超级简单的技巧适用于计算百分比的任何一组数字。计算50的28%可能会让你很头疼，但28的50%呢？很容易得到结果为14！

比你想象的容易吗？

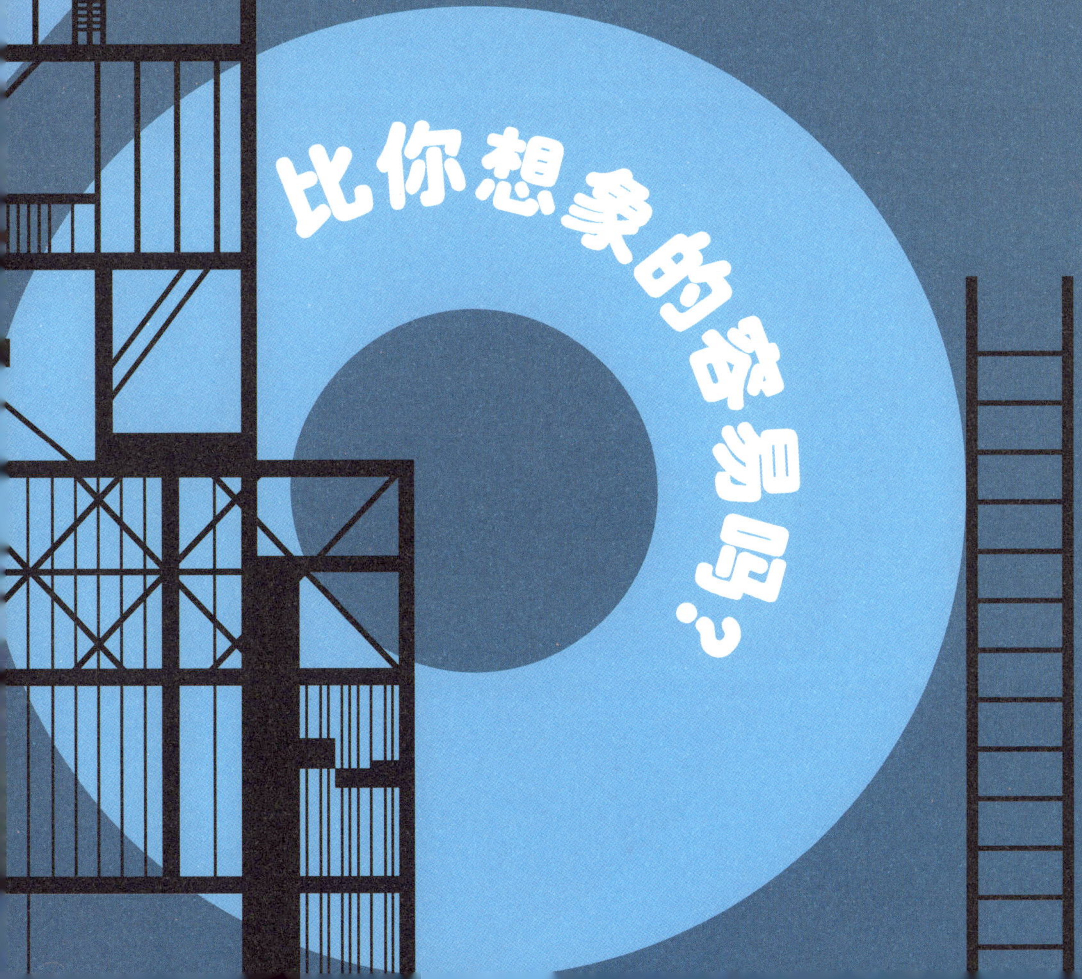

空位处的数字是多少?

这个彩色的圆里有7个数字，但是你能算出第8个数字是多少吗？

数学小挑战

答案：20。

彼此相对的数字之和必须是24。

不可能的楼梯

乍一看，上面的台阶看起来和其他楼梯没什么区别，但当你沿着台阶开始行走，你就会发现这种结构是不可能的！任何使用这个楼梯的人都将永远被困在这循环的楼梯里！这幅插图展示了一种在现实世界中不可能存在实物的楼梯，由瑞典平面艺术家路透·瓦尔德设计。

向上还是向下

还有一个不可能的物体是彭罗斯楼梯，它是由数学家莱昂内尔·彭罗斯和他的儿子罗杰在荷兰平面艺术家莫里茨·科内利斯·埃舍尔的启发下创造出来的。

被错觉掌控

为了进一步扭曲我们的感觉，彭罗斯父子还创造了一个不可能的三角形。这是一个令人费解的数学几何体。它给人一种视觉上的错觉，并可以在透视图中表现出来，但在现实世界中这样的几何体永远不可能以实体的形式存在。

蝉使用质数

质数是大于1且不能通过被除了1和自身之外的其他整数整除的整数。例如，5是质数，2、7、11、13、53和71也是质数。这种数学特性听起来可能不是特别独特，但质数真的非常特别。尤其是对蝉！

活在地下

如果你曾经在一个夏夜躺在床上，因为刺耳的蝉鸣而无法入睡，那么你可能并不喜欢这种会飞的昆虫。它们的生命周期很奇怪，因为它们大部分时间都在地下生活，当它们最终出现在夏夜时，它们也没有时间玩耍。因为它们会很快地找到配偶、繁殖，然后死亡。

7 13 17

普通的蝉每年都会出现，但周期蝉在地下的时间要长得多，每隔**7年**、**13年**，甚至**17年**会出现一次，这些时间点都是质数！

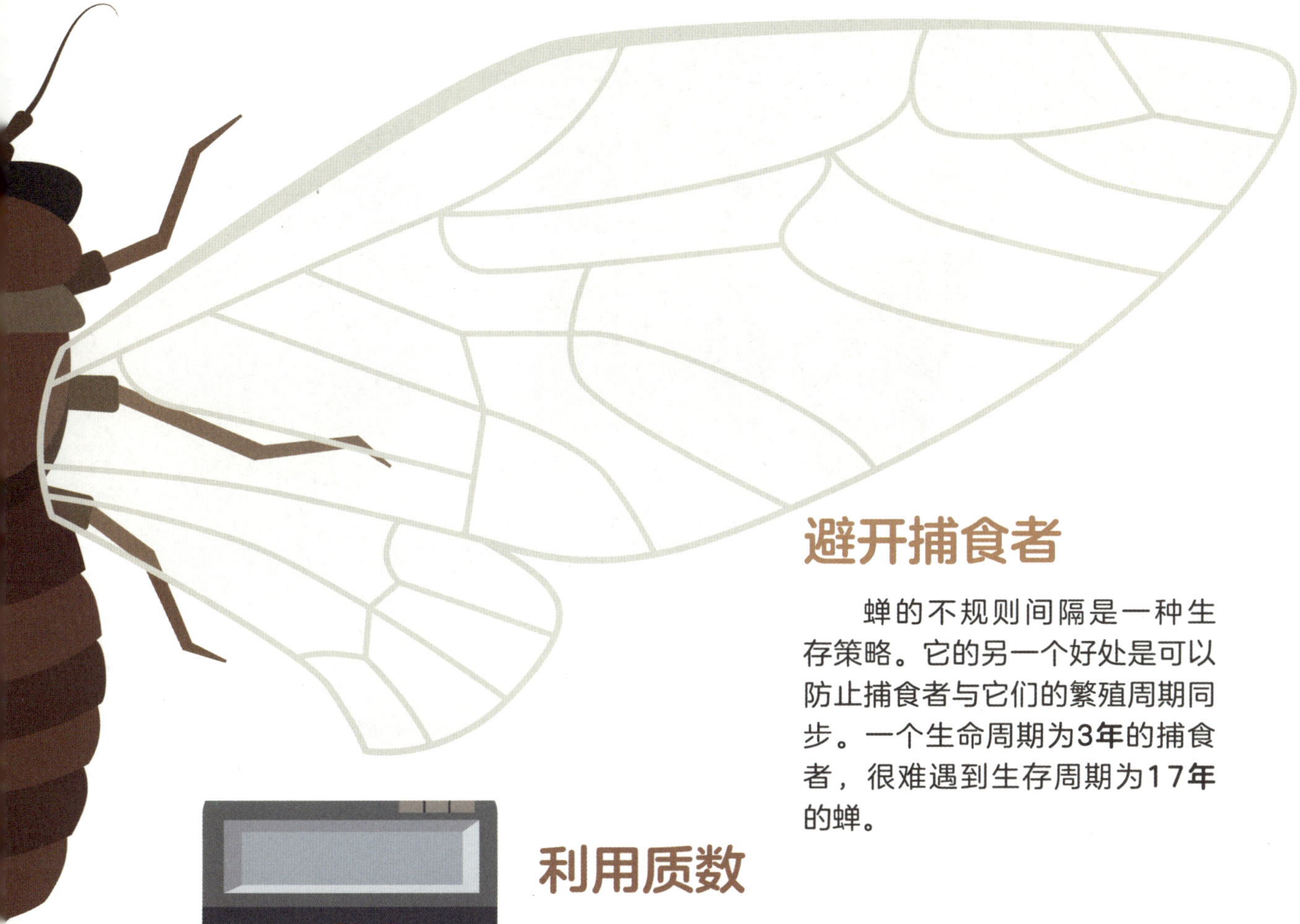

避开捕食者

蝉的不规则间隔是一种生存策略。它的另一个好处是可以防止捕食者与它们的繁殖周期同步。一个生命周期为**3年**的捕食者，很难遇到生存周期为**17年**的蝉。

利用质数

蝉使用质数作为自己的生长周期会是一个巧合吗？很长一段时间以来，我们都是这么认为的。但现在看来，这些昆虫们在没有计算器的帮助下像数学家们一样一直在利用质数！

食物大战

例如，**13年**生命周期的蝉和**17年**生命周期的蝉几乎不会相遇。当这两种蝉一起出现时数量将是巨大的，这种情况每**221年**才会出现一次。所以这样就可以让它们在其他年份里减少对所需相同食物的竞争。

有些数字比宇宙还大

为了描述宇宙的浩瀚，我们必须使用一些非常大的数字。宇宙有**138亿年**的历史，横跨了**930亿光年**的距离。但有些数字实际上比宇宙还要大，而且还大很多。事实上，这些数字太大了，以至于宇宙中都没有足够的空间把它们写下来！

数学小挑战

看看你能不能写个古戈尔（古戈尔是指1后有100个0）。慢慢来，仔细数清后面零的个数。

古戈尔

它听起来像一个叫作谷歌的搜索引擎（实际上谷歌就是借用古戈尔的名字命名的），古戈尔是数字1后面跟着100个0，也就是10^{100}。如果你将一个古戈尔与可观测宇宙中的原子数量相比，它显然要大得多。

原子的总数

原子是构成宇宙中所有物质的基本单位。恒星、行星、彗星和小行星都是由原子构成的。科学家们计算，在可观测到的宇宙中，原子的总数可达10^{82}个。也就是1后面跟着82个0！

古戈尔普勒克斯

古戈尔很大，但古戈尔普勒克斯更大。它被写成10的古戈尔次方。它是如此大，以至于宇宙都容纳不了它！宇宙中没有足够的空间和时间来写下一个古戈尔普勒克斯。即使你每秒写两个0，写完一个古戈尔普勒克斯所花的时间也比宇宙的年龄要长得多！

再见

你喜欢这本书吗?此时你的大脑是否充满了新奇的事物和信息?如果你不能理解本书全部的内容，也不要担心。这就是学习的好处，虽然你会花费一些时间，但总是值得的!

我们所生活的宇宙中，总有一些新的东西可以学习，所以请你睁大眼睛，竖起耳朵!当你发现一些新的、美妙的东西时，一定要和别人分享!

虽然很不舍，但现在我不得不说，再见了，我的朋友!

关于作者

丹·马歇尔是一名设计师、插图画家和作家。他从小就热爱画画，让他感到惊讶的是，作为一个成年人，他可以靠画画赚钱了！丹曾为悉尼歌剧院、澳大利亚博物馆和Facebook设计图形。

丹的第一本书*Mind Blown*诞生于他对平面设计的热情、以视觉方式传达信息的愿望及他对奇妙宇宙的强烈的好奇心。丹的第二本书*Look Book*于2021年出版，适合0~3岁的读者阅读。本书是他出版的第三本书。